科學新視野 44

水資源的歷史、戰爭與未來

蕭政宗　著

〈出版緣起〉

開創科學新視野

何飛鵬

　　有人說，是聯考制度，把台灣讀者的讀書胃口搞壞了。

　　這話只對了一半；弄壞讀書胃口的，是教科書，不是聯考制度。

　　如果聯考內容不限在教科書內，還包含課堂之外所有的知識環境，那麼，還有學生不看報紙、家長不准小孩看課外讀物的情況出現嗎？如果聯考內容是教科書佔百分之五十，基礎常識佔百分之五十，台灣的教育能不活起來、補習制度的怪現象能不消除嗎？況且，教育是百年大計，是終身學習，又豈是封閉式的聯考、十幾年內的數百本教科書，可囊括而盡？

　　「科學新視野系列」正是企圖破除閱讀教育的迷思，為台灣的學子提供一些體制外的智識性課外讀物；「科學新視野系列」自許成為一個前導，提供科學與人文之間的對話，開闊讀者的新視野，也讓離開學校之後的讀者，能真正體驗閱讀樂趣，讓這股追求新知欣喜的感動，流灩心頭。

　　其實，自然科學閱讀並不是理工科系學生的專利，因為科學是文明的一環，是人類理解人生、接觸自然、探究生命的一個途徑；科學不僅僅是知識，更是一種生活方式與生活態度，能養成面對周遭環境一種嚴謹、清明、宏觀的態度。

千百年來的文明智慧結晶，在無垠的星空下閃閃發亮、向讀者招手；但是這有如銀河系，只是宇宙的一角，「科學新視野系列」不但要和讀者一起共享，大師們在科學與科技所有領域中的智慧之光；「科學新視野系列」更強調未來性，將有如宇宙般深邃的人類創造力與想像力，跨過時空，一一呈現出來，這些豐富的資產，將是人類未來之所倚。

我們有個夢想：

在波光粼粼的岸邊，亞里斯多德、伽利略、祖沖之、張衡、牛頓、佛洛依德、愛因斯坦、普朗克、霍金、沙根、祖賓、平克……，他們或交談，或端詳撿拾的貝殼。我們也置身其中，仔細聆聽人類文明中最動人的篇章……。

（本文作者為商周出版發行人）

〈專文推薦〉

永續發展是21世紀的國家藍圖

沈學汶教授

　　人類自古至今都離不開水，因此水資源工程的發展也有數千年的歷史了。但遠古時候，科學知識與工程技術並不發達，許多建設都倚賴經驗的承傳。文藝復興時期以後，科學知識快速累積，各項科技突飛猛進，水資源科技亦然。工業革命之後，各項產業急劇發展，人類物質生活也跟著快速提昇，相對的需水量也就日益增多。進入二十世紀之後，科技發展之快速，百年銳於千載，也幫助人類開發了許多資源以因應人口的激增。

　　但是過度開發在環境上的負面影響也逐漸浮現，水源不足、水質污染、旱澇災害成為現實社會水的危機。未來該如何因應這些問題，成了舉世注目的焦點，二十世紀末聯合國倡導的永續發展，風起雲湧，各國莫不爭相列為其二十一世紀的發展藍圖。

　　水資源科技在二十一世紀應該以更宏觀的視野來看待水資源與自然生態環境、經濟發展、社會公平之間的關聯，以科技整合及風險管理的理念，追求人類的福祉與消除慘重的災害。時值世界各國都在如火如荼地追求水資源永續發展之際，《水：水資源的歷史、戰爭與未來》一書的出版可說是適逢其時。蕭政宗博士能在繁忙的教學與研究工作之餘，尚能投入全民通識教育的推

廣，殊爲難得。

　　本書由水的自然現象談起，包括水的組成、起源、全球水分
布與循環，接著介紹中外水文明的發展簡史，與水利工程的應用
原理，繼而提到水可能帶來的災害及古今中外因水而引起的衝突
事件，當然也詳細介紹了台灣地區過去的水資源發展、目前的現
況與未來的趨勢，以及全球關注的水資源永續發展。本書內容淺
顯易懂、深入淺出，相信讀者必能獲益匪淺。

　　（本文作者爲加州大學柏克萊分校土木及環境工程研究所榮
譽教授、美國工程院院士）

〈專文推薦〉

水資源是全民要珍惜的資源

林襟江副署長

　　水利事業，經緯萬端，從天上降雨、地表逕流、到地下水的流動，從水文頻率分析、河工模型試驗、到水庫運用規則的制定；從集水區保育、河川水質監測、到水利法規的研擬，都是水資源工程的範疇。

　　水資源工程不僅是政府照顧人民安居樂業、免於旱澇災害、奠定國家經濟基礎的施政，同時也是學者專家不斷努力追求新知理論藉以提昇水利科技的領域，更是全體人民每天不可或缺的資源。所以水資源工程並不單獨是政府或專家學者要關注的事務，而是全民都要珍惜的資源，也因此首要之務就在於讓全體人民都能了解水資源、有意願愛護水資源。

　　欣聞蕭政宗博士撰寫《水：水資源的歷史、戰爭與未來》一書，正是可以讓普羅大眾對水資源有正確認識的科普書籍。蕭政宗博士畢業於美國加州大學柏克萊分校，亦曾任職於經濟部水資會與水資源局，學有專精，以深入淺出的方式介紹水文循環、水利工程等專業方面的知識，也介紹水資源科技的歷史演進與國際趨勢，以及台灣地區過去的水資源發展、現時的情況及未來的走向。

　　閱讀本書不僅是專業知識的獲取，同時也可以了解台灣地區
水資源的概況，使有心想了解水資源相關知識的人，有意想不到
的收穫。謹此為序。

　　　　　　　　　　　（本文作者為經濟部水利署副署長）

〈專文推薦〉

了解水資源‧愛護水資源

蔡長泰教授

　　地球大約在四十六億年前形成，形成之初只有原始的岩漿海與充滿水蒸氣的原始大氣。之後發生了豪雨，降下的雨水聚集成了海洋，在海洋中誕生了最早的生命。豪雨在地殼上沖蝕開鑿形成了河川，河水挾帶泥土砂石奔流入海，填海造陸產生了廣大肥沃的沖積平原，成為人類文明的發源地。也就是說，沒有豪雨洪水，就沒有人類文明。

　　中國文明起源於黃河流域的成功的水資源利用與防洪治水。水跟人類文明的發展脫離不了關係，歷朝歷代也都以治水為首要任務——興水之利，除水之害。台灣地區的水資源開發利用甚早，成就了今日富裕的農村與繁榮的工商業，但歷年的旱澇災害的損失亦甚大。

　　與人類生活密不可分的水，的確需要一本科普書籍來向大眾介紹，很高興現在已經有這樣的書出版。本書的作者蕭政宗博士畢業於成功大學及美國加州大學柏克萊分校，任教於淡江大學水資源及環境工程學系，亦曾任職前經濟部水資源局，是國內少數理論與實務兼備的學者，由其來撰寫最適合不過。

　　本書包羅萬象，不僅介紹地球上水的分布、循環，以及水的

自然特性，也介紹水資源知識的演進、水資源工程應用的原理、與「水太多、水太少、水太髒」所引起的災害，以及水資源未來的發展趨勢。

本書涵蓋的範圍包括西方、中國大陸及台灣，時間上也涵蓋了過去、現在與未來，談古論今，旁徵博引，沒有艱澀難懂的理論，只有淺顯易懂的敘述；書中也穿插了許多關於水的歷史典故，更增加了閱讀的樂趣。相信本書的出版，會讓更多人了解水資源與愛護水資源。

（本文作者為成功大學水利及海洋工程學系教授、工學院副院長）

〈前言〉

水，是文明的起源與終結者

　　地球大約在四十六億年前形成。地球上有了水之後，最原始的生命大約誕生於四十億年前的原始海洋，從此之後，不論是何種生物，再也離不開水而能生存了。

　　人類的發展也是如此，從古文明都起源於有源源不絕水流的大河流域就可以知道，水不僅是人類賴以維生、不可或缺的物質之一，同時也是人類文明發展的動力，從生活飲水、農田灌溉、河川航運、水力發電、防洪排水，以至於休閒遊憩，都是水資源發揮興利除弊功能，才使人類有今日富裕繁榮的經濟體系與便利舒適的生活。

　　水資源過去究竟是如何發展的？目前的狀況又是如何？未來將會何去何從？本書將帶領你一同探索水資源的奧秘！

　　第一章「水是什麼？」要介紹的是從水的聯想談到一般人對水最直接的觀感，從最原始的水起源到最微觀的水組成，並說明人類如何在使用幾千年之後，才在近二、三百年漸進發現組成水分子的元素。並探討水有什麼別於其他物質的特性，而影響到人類的生活，甚至影響到地球的氣候與環境。

　　地球表面約有百分之七十的面積為海洋覆蓋，那麼地球上到底有多少水呢？而這些水又分布在哪些地方呢？水是如何在這些不同的地方傳輸呢？這是第二章要介紹的「水的世界」。

　　除此之外，人類賴以維生的水資源又有何特性？世界各國的水資源狀況又是如何？各國用水量之間有多大的差異？這些資訊都將在本章內說明。

　　第三章「水的文明」將娓娓道來人類利用水的歷史演進，從古埃及人建造第一座水壩、古希臘人開始了解水文循環、古羅馬人建造輸送水的水道及渡槽，到文藝復興時期以後，開始以科學方法研究水，快速的知識累積成就了今日傲人的科技。

　　中國方面則從眾所皆知的大禹治水開始談起，到西門豹開鑿漳水十二渠、李冰興建都江堰、王景治理汴江、隋煬帝開鑿運河、潘季馴倡導束水攻沙等，歷史上著名的人物、工程、著述，都會在本章一一介紹。

　　水可以發揮許多功能，例如給水、灌溉、發電、航運等，人類是如何利用工程達到這些目的而造福人類呢？第四章「水利工程」將逐一介紹各項水利工程的應用原理及簡要發展歷史，包括灌溉工程、自來水工程、水庫工程、航運工程、水力發電、地下水及海水淡化。

　　同時介紹目前世界上著名的大型水利工程，包括巴拿馬運河、荷蘭的北海防洪工程、位於南美洲的伊太布水壩，以及現正施工中的長江三峽樞紐工程。

　　「水的災難」是第五章要介紹的主題，人類善用水資源並藉由工程手段創造了光輝燦爛的文明。但是「水太多」造成殘酷無情的洪災、「水太少」產生煎熬難忍的乾旱、「水太髒」帶來了觸目驚心的污染，這些災害正在蠶食鯨吞人類辛勤努力所創造出來的成果。這一章將介紹洪災、乾旱、水質污染的成因、損失，

及相關的解決措施。

　　第六章「**水的戰爭**」描述人類克服大自然的挑戰，利用水發展出璀璨的文明，但也有因為無法克服困境而消失的文明。爭奪有限的水資源常是國際間發生爭端的導火線，國際間有哪些區域容易因為水而發生衝突呢？而歷史上又有哪些因水而引發的衝突事件呢？

　　由於人類過度開發，破壞環境導致的災難，可視為大自然對人類的反撲，未來如何在兼顧發展與環境保護的前提下施行工程呢？本章有詳細的說明。

　　「**台灣的水**」孕育滋潤大地，使得台灣成為美麗之島「福爾摩沙」。第七章將先從台灣的自然環境介紹起，接著介紹各個時期不同的水利開發項目及過程，幾項著名的工程，包括烏山頭水庫與嘉南大圳、日月潭水庫及發電工程、石門水庫及台北地區防洪計畫，將有詳細的說明。台灣地區的水資源現況，包括工程建設成果、各項用水標的與供水來源，及水資源政策及未來的走向等，都會在本章內介紹。

　　台灣地區四周環海，水資源無須外來供應，但全球化的潮流使得我們必須仔細思考與世界的關聯。第八章「**水的危機**」首先敘述全球水的危機與國際發展趨勢，接著介紹二十一世紀人類社會的核心價值觀：「永續發展」，及目前在國際間推展的各項與水相關的活動，最後說明未來的水資源利用與科技發展。

　　本書以歷史發展為經，水利工程措施為緯，詳細而淺顯地介紹水的面面觀：從水的「起源、組成、特性、分布、循環」、水利工程的應用原理與發展歷程、水利設施帶來的效益及可能產生

的災害、因水而引發的衝突，到現階段水的危機與未來的發展趨
勢，希望讓更多人了解水而珍惜與愛護水，讓地球永遠清新，讓
台灣永遠美麗。

第1章

水是什麼？

探索外太空其他星球是否有生命跡象，第一個要尋找的物質就是水。沒錯，水不僅僅是生命的起源，更是所有物種不可或缺的維生物質。對於這極端重要且再熟悉不過的水，你了解多少呢？

人類的文明史就是水的發展史

如果有人問你「水是什麼？」你的直覺回答會是什麼呢？

如果你只能想到「自來水」，不用太沮喪，因為每兩個人就有一個人的回答會跟你一樣。根據調查，約有五成的人聽到「水」最直接的聯想就是「自來水」，其次才是雨水、河流、水庫、海洋等等。對水的認知，從每天都會接觸到的自來水聯想

起是很自然而然的事。

　　但假如你還記得國中理化課本的話，也許會有一個比較科學的答案：H_2O；字典上對於水的解釋則是：「二氫一氧化合的透明無臭液體，遇熱成氣，遇冷結冰。」但僅僅這樣還不算是了解水。你知道水從哪裡來嗎？水有什麼特性？地球上有多少水？水可以發揮什麼用途？水又會帶來什麼災難和危機？台灣一年總共用掉多少水？……後面將針對這些問題，一同帶領你探索水世界的奧秘！

　　姑且不論對水的認知有多少，這隨處可得、再熟悉不過的物質，除了每天都要喝到外，刷牙、洗臉、洗澡、洗滌衣物、燒飯煮菜、馬桶沖水、澆灌花木，甚至農作物的種植、牲畜的養殖、物品的製造，以及發電等都少不了要用到它；其他方面還包括溪流泛舟、游泳、都市裡的噴泉景觀等，也都是由水提供遊憩、造景的功能。所以可以說，日常生活的任何一件事物，幾乎都與水脫離不了關係。

　　水不僅是維持人類生命不可或缺的物質之一，也是生命的起源，歐美國家探索外太空時，第一個要尋找的物質便是水。這麼重要的物質，應該值得你花一點時間去認識它。

　　人類的文明史其實就是水的發展史。人類的文明都起源於源源不絕的大河流域，如中國之於黃河流域、埃及之於尼羅河流域、美索不達米亞之於兩河流域等，歷經數千年文明的蓬勃發展，人類早已發展出開發及管理水資源的一套方法。

　　然而近百年來工程科技的突飛猛進，使得人類運用水的智慧遠遠超越過去，包括給水、灌溉、航運、防洪、發電，甚至遊憩

等。但其中也產生了許多問題，例如對於水的需求量急遽增加導致水源過度開發、廢棄物未經妥善處理任意排放造成水源污染、欠缺環境影響評估的工程破壞水域生態環境等等。

利用水資源產生的效益，把人類帶向輝煌燦爛的文明，但是「水的危機」帶來的災害亦不容忽視。細數過去許多文明的遷徙或滅亡，都肇因於水源匱乏無法供應發展所需造成，例如柬埔寨的吳哥文明，即是因為無法有效地維持水利設施的機能而逐漸荒廢滅亡。

未來人類的發展，會不會因為水的問題而像許多古文明，僅僅剩下淹沒於綿密森林中令人讚嘆的遺跡？或是滾滾砂土裡供人憑弔的殘垣呢？

謎樣的水起源

地球上有浩瀚遼闊的海洋、星羅棋布的湖泊、縱橫交錯的河流，這麼多的水究竟從哪裡來的？

中國有一則古老傳說是這樣子的。

話說遠古時候，當天地還沒有分開之前，宇宙渾沌一片，好像一個大雞蛋，而盤古就孕育在裡面。漫漫歲月過了一萬八千年，有一天盤古忽然醒來，看到四周漆黑一片，便隨手抓起板斧用力一揮，大雞蛋破裂開來，其中輕而清的東西緩緩上升變成了天，重而濁的東西則慢慢下沉變成了地。盤古頭頂著天，腳踩著地，天每日升高一丈，地每日加厚一丈，盤古也每天跟著長了一丈。這樣過了一萬八千年，天變得極高，地變得極厚，盤古也長得極長，天地之間差距有九萬里[1]。

　　盤古臨死的時候，口裡呼出的氣變成風和雲，聲音變成轟隆的雷霆，左眼變成太陽，右眼變成月亮，他的四肢和身體變成了大地，血液成為江河，筋脈變成道路，肌肉化為田土，頭髮和鬍髭變為天上的星辰，皮膚和汗毛變成了花草樹木，牙齒及骨骼成為金屬及岩石，精髓成為珠寶，連汗都變成雨露和甘霖[2]。

　　這就是「盤古開天闢地」的故事。盤古利用他的整個身體創造宇宙之後，天地之間便有了水。水在中國古老的神話裡，就是這麼來的。

　　《聖經》裡也有這樣的敘述，《舊約聖經》〈創世記〉第一章「創造天地萬物」[3]：神在創造天地之後，尚未創造光之前，神的靈就已運行在水面上，第二天將水分為上下，就創造出空氣，第三天將陸地與海洋分開，之後陸地生長了各類的植物、水裡有了魚類、空中有了飛鳥。這些記載說明了水的起源，同時也凸顯了水的重要性。

　　那科學的說法呢？目前有關地球上水的起源大致有兩種說法，都與地球的誕生有關。一種說法認為水是自生的，另外一種說法則認為水是外來的。

　　主張水是地球上自生的說法認為，水是在地球剛由星雲凝聚而成時，由原始的氫和氧結合而成的，也就是說原始的氫和氧在剛形成的地球內部運移至邊緣的過程時，經過各種物理、化學作用形成了水。

　　而外來的說法則認為約在四十六億年前當地球剛形成時，由於小行星猛烈衝撞造成的高熱，使得地表熔化成為熔融狀態，而小行星衝撞地球時逸出的氣體，形成原始大氣，原始大氣把衝撞

所產生的熱貯存在地表，而包含在小行星內的水因衝撞時的高熱
而蒸發成水蒸氣。當地球漸漸成形時，隕石的衝撞減少，地球表
面的溫度逐漸降低，雲漸漸下降到接近地表的高度，接著開始下
雨，雨水使地表溫度不斷下降，原始大氣中的水蒸氣造成更多的
雲，雲又產生豪雨，傾盆而下，洪水便在原始的地表上肆虐，由
小池塘成為湖泊，終於成為海洋，覆蓋了地球表面大部分的面
積。

　　沒有人能親眼目睹地球的誕生及水的起源，而且不論何種科
學推論才是正確的，水存在地球上已有數十億年的歷史則是不爭
的事實。

水的發現

　　唸過國中理化課程的人應該都還記得，組成水的元素是氫和
氧，更正確的說法是兩個氫原子和一個氧原子結合成一個水分
子，化學式為 H_2O。對大多數的人來講，這是常識，但發現水是
由氫和氧結合而成的，卻是近二百多年來的事。

　　之前不論中外都認為水是一個最基本的物質，例如中國人講
的五行：「水、火、木、金、土」，古希臘也有所謂的四元素
說：「水、氣、火、土」。一直到了十七、十八世紀，近代化學
走出煉金術的窠臼，才由不斷的實驗中得出真相。

　　當十八世紀「燃素說」（Phlogiston）還很盛行的時候，英國
科學家卡文迪西（Henry Cavendish, 1731-1810）於一七六六年利用
稀硫酸或稀鹽酸與金屬鋅或鐵作用獲得氫氣。當時未知其為氫氣
且點火即燃，因此稱為「易燃空氣」。氧氣的發現則歸功於瑞典

汽水的由來

一七六七年，發現氧氣的英國化學家普里斯特里在英國約克郡當
教會牧師時，由於隔壁是間釀酒廠，他就近取得啤酒發酵所產生
的氣體來做實驗。他發現這種氣體（即二氧化碳）可溶解於水中
而使水變成新口味，於是發明了這種有氣泡的飲料。後來逐漸研
發出各種口味。這就是今日汽水的由來。

化學家舍勒（Carl Scheele, 1742-1786）和英國化學家普里斯特里
（Joseph Priestley, 1733-1804）。

　　一七七四年普里斯特里進行燃燒的實驗，他加熱氧化汞時得
到一種新的氣體，這種氣體既能助燃又能支持人的呼吸；這個氣
體就是「氧」。但因為受到「燃素說」的影響，普里斯特里錯誤
地稱為「無燃素的空氣」。其實，舍勒比普里斯特里更早發現氧
氣，舍勒於一七七二年加熱高錳酸鉀時發現氧氣，由於舍勒也是
「燃素說」的信仰者，因此他稱氧氣為「助燃空氣」。

　　一七七四年，法國著名科學家拉瓦錫（Antoine Laurent
Lavoisier, 1743-1794，後世譽為「現代化學之父」）重複普里斯特
里的實驗，認為所得到的「無燃素的空氣」是一種元素，並於一
七七七年命名為「氧」。

　　一七八一年（發表於1784年），卡文迪西指出：氫氣和普通空
氣混合進行燃爆實驗凝結成露珠──這露珠就是水，因此他確認水
是化合物而非元素，但他仍舊沿用燃素與無燃素空氣等名詞。

　　雖然舍勒和普里斯特里發現了氧氣，但拉瓦錫才是正確解釋
實驗結果的人。之後，拉瓦錫開始致力於水的研究。

　　一七八三年，拉瓦錫與法國科學家拉普拉斯（Pierre Laplace, 1749-1827）用收集到的氧與「易燃空氣」混合點燃後生成了純淨的水。一七八四年，在其他科學家的協助下，他把水氣通過燒紅的鐵管，果然分解出「易燃空氣」。這時拉瓦錫正式確認：水不是元素，而是氫和氧的化合物，而「易燃空氣」才是一種元素，後來在一七八七年他將之命名為「氫」。

　　拉瓦錫證實水不是元素的觀念，使人類對自然的認識邁進了一大步。

　　之後，由於科學的不斷進步，許多科學家利用精密儀器進行實驗，建立了水的組成，也就是我們熟知的 H_2O。例如一八一九年，瑞典化學家柏濟力阿斯（Jons Berzelius, 1779-1848）與杜隆（Pierre Dulong, 1785-1838），及一八四二年丟瑪（Jean Dumas, 1800-1884）與史達斯（Jean Stas, 1813-1891），計算出水分子中氫與氧的比例。

　　一八九三年摩爾利（Edward Morley, 1838-1923）精確地秤出氫、氧與水的重量；法國化學家及物理學家蓋—呂薩克（Joseph Louis Gay-Lussac, 1778-1850）也在一八二〇年測量出氫氣與氧氣完全化合時，需要兩份的氫與一份的氧，以今天的化學術語來說，得到水的分子式為 H_2O。

　　然而一個水分子到底有多大呢？水分子的大小肉眼當然看不到，所以確切一點的說法是：應該有多小呢？一個水分子的體積約為 3×10^{-23} 立方公分，所以裝滿一個紙杯（約 250 毫升）中的水，便約有 8.33×10^{24} 個水分子。

表 1-1　水與其他物質物理特性的比較

	融點 (℃)	沸點 (℃)	比熱 (cal/g)	氣化熱 (cal/g)	融解熱 (cal/g)
水	0	100	1.00	540	80
酒精	-114	78	0.58	204	25
甲醇	-98	65	0.60	263	22
丙酮	-95	56	0.53	125	23

資料來源：賴昭正

神奇的水特性

　　水龍頭嘩啦啦的流水、冰箱裡透心涼的冰塊、電鍋上冒著熱騰騰的水蒸氣，正顯現出水不平凡的一面。

　　每一種物質都具有氣態、液態及固態，但三態能在平常情況下都看到則是少數（水蒸氣其實是看不見的，電鍋冒出的可見水氣是因為含有許多微細的水滴），而水就是具有這種非凡特性的物質。

　　眾所皆知，在常溫下水為液態，冰點為 0℃、而沸點為攝氏 100℃。水還有哪些與眾不同的特性呢？

　　與一般液體相較，水的氣化熱較高（詳細數值及與其他物質的比較請參閱表 1-1），這表示要使水氣化很難。這個特性有什麼作用呢？

　　每個人每天都會排汗，這些汗吸熱而氣化以調節身體的溫度，也就是說當身體開始過熱時，身體的機能會藉由表面水分的蒸發散去熱量，以流汗來調節體溫。

　　假如水的氣化熱沒有那麼大？那我們每天必須喝非常大量的

水才能調節體溫，不然將無法控制體溫。同時，如果水的氣化熱太小，到達地球表面的太陽能將會使地表上大部分的海洋、河川、湖泊因容易氣化而乾涸，而蒸發的水氣會使空氣中的濕度達到難以忍受的飽和點。

另外，水的比熱與其他物質相比也非常高；比熱指的是1克質量的物質升高1℃所需要的熱量。水的比熱非常高代表即使水獲得或失去大量的熱量，水溫也不會有太大的改變。

例如，水的比熱大約是沙子比熱的5倍，白天烈日照射在海灘沙上，常燙得使人無法赤腳直接踩在沙灘上，但海水則不會如此高溫；相反的，當夜晚氣溫降低時，反而覺得海水比沙灘溫暖些。

水的這種特性在調節氣溫具有舉足輕重的地位。地球陸地表面是低比熱的，很容易升高溫度或冷卻下來，海洋的溫度卻變化不大，所以冬天時，洋流溫度較陸地高，風從暖洋流海面吹來，氣流溫暖潮溼；而夏季時，洋流水溫較陸地溫度為低，風吹向海洋即調節了陸地上的氣候。

水在4℃時密度最大，水結冰之後，冰的密度比尚未結冰的水小，因此河川及湖泊結冰時的冰塊都是浮在水面上的。所以當冬天水面溫度開始由常溫下降時，密度變大而下沉，而底部的水則因密度小而上浮，如此循環不已，至水面溫度達到4℃為止，若水面的溫度繼續下降到0℃以下時，冰塊就會慢慢地在水的表面生成——因為冰的密度比水小，會漂浮在水面上而不會沉到水底。

這一點對寒帶的水中生物而言是非常重要的，如果冰不是浮

在水面而是沉到水底的話，河川或湖泊裡的水都是由下往上結冰，這樣水體很容易全部結成冰，水中的生物將無棲身之地了。因為水結冰是由上往下，而且水結冰必須釋放出大量的熱，因此結冰的過程相當緩慢，也就給了水中生物生存的空間了。

雖然冰的密度比水小，但相差無幾，因此當冰山漂浮於海洋上時，其實大部分主體都在海裡，僅露出「冰山一角」。因此大部分船員都知道這個原理，會避開冰山的航路；著名的鐵達尼號（Titanic）就是因躲避冰山不及而被撞沉。

裸體的阿基米德發現水的浮力

提到水的浮力，不得不提阿基米德（Archimedes, 287-212 BC，與十七世紀的牛頓、十八世紀的高斯，並列為史上最偉大的三位數學家）發現水浮力的故事。

話說義大利西西里島東南方的敘拉古（Syracuse）國王亥厄洛二世（Hieron II），請金匠做一頂純金的皇冠。完工之後，國王懷疑金匠在皇冠內摻了銀子。但是因為皇冠的重量與國王所給的黃金重量相同，於是國王請阿基米德鑑定。阿基米德苦思了幾天，不得其解。

有一天，阿基米德在公共澡堂正要進入浴盆洗澡時，因為浴盆的水太滿而溢出，他突然想到：重量相同但體積不同的東西，所排出的水不會相同。這個發現，可以測試皇冠是否摻雜銀子。阿基米德高興地跳了起來，也顧不得沒有穿衣服就奔回家中，口中還大叫著：「Eureka! Eureka」（我發現了！我發現了！），這就是著名的阿基米德原理。

　　了解了水的特性之後，我們接下來就要以宏觀的角度，探索水在地球上的分布以及循環。

註釋

　　1 《三五歷記》：「天地渾沌如雞子，盤古生其中。萬八千歲，天地開闢，陽清爲天，陰濁爲地，盤古在其中，一日九變。神於天，聖於地，天日高一丈，地日厚一丈，盤古日長一丈。如此萬八千歲，天數極高，地數極深，盤古極長。故天去地九萬里。」

　　2 《五運歷年記》：「首生盤古，垂死化身：氣成風雲，聲爲雷霆，左眼爲日，右眼爲月，四肢五體爲四極五岳，血液爲江河，筋脈爲地理，肌肉爲田土，髮髭爲星辰，皮毛爲草木，齒骨爲金玉，精髓爲珠石，汗流爲雨澤。」

　　3 〈創世記〉第一章：「起初，神創造天地。地是空虛混沌，淵面黑暗；神的靈運行在水面上。……神說：諸水之間要有空氣，將水分爲上下。神就造出空氣，將空氣以下的水、空氣以上的水分開了。事就這樣成了。……神說：天下的水要聚在一處，使旱地露出來。事就這樣成了。神稱旱地爲地，稱水的聚處爲海。……神說：水要多多滋生有生命的物；要有雀鳥飛在地面以上，天空之中。神就造出大魚和水中所滋生各樣有生命的動物，各從其類；又造出各樣飛鳥，各從其類。神看著是好的。神就賜福給這一切，說：滋生繁多，充滿海中的水；雀鳥也要多生在地上。……」

參考書目

《大自然的規律》，馬哲儒，成功大學，2000。
《中國神話故事》，桂冠圖書公司，1992。
《今日水世界》，劉昌明、傅國斌，牛頓出版公司，2001。
《水世紀：水資源永續發展研討會論文集》，〈水的二度聯想：台

灣民眾對水的認知、態度與行為〉，蕭新煌，時報文教基金會，1995。

《水的關懷：河川環境與水源保護研討會論文集》，〈水的聯想：台灣民眾對水的認知、態度與行為〉，蕭新煌，時報文教基金會，1991。

《牛頓雜誌》（第191期），〈消失的古代世界〉，1999。

《台灣的氣候》，涂建翊、余嘉裕、周佳，遠足文化公司，2003。

《地球大記行——水的行星、奇蹟的出發》，華園出版公司，1987。

《拉瓦謝——化學改革與法國革命的先鋒》，屈子鐸譯，牛頓出版公司，1997。

《科學大發現》，潘麗芬、王佑文、劉淑鳳，幼獅文化事業公司，1998。

《科學月刊》（第109期），〈奇妙的水分子〉，賴昭正，1979。

《科學月刊》（第323期），〈向阿基米德致敬〉，蔡聰明，1996。

《科學史》，李行譯，明文書局，1992。

《科學的故事》，張光熙、宋加麗譯，好讀出版公司，2002。

《科學發展》（第362期），〈水分子有多小？〉，郝俠遂，2003。

《國語日報辭典》，國語日報社，1974。

《從亞里斯多德以後》，陳恆安譯，究竟出版社，2001。

《節約用水季刊》（第13期），〈水的奧秘（續）：自然界最大的液體礦物〉，王輔洋，1999。

《節約用水季刊》（第16期），〈水的奧秘（續）：自然界最大的液體礦物〉，王輔洋，1999。

第 2 章

水的世界

從外太空看地球，除了白色的雲，占最大部分的就是深藍色海洋了，地球表面約有百分之七十爲海洋覆蓋。目前科學家尚未發現宇宙中還有其他星球有如此多的水，所以地球才是名副其實的「水星」。

地球有多少水？

地球上有多少水呢？又分布在哪些地方呢？

這個問題很難回答，原因在於水並非靜止不動，而是以動態的循環形式存在地球上。依據科學家的估算，地球上約有13.86億立方公里的水，分布在海洋、冰、湖泊、河川、地下、大氣以及生物體

表2-1　地球的水分布

種　　類	體積(10³ km³)	占全球水源比例(%)	占全球淡水比例(%)
海洋	1,338,000	96.5	
地下水（淡水）	10,530	0.76	30.1
地下水（鹹水）	12,870	0.93	
土壤水	16.5	0.0012	0.05
冰	24,364.1	1.725	68.6
湖泊（淡水）	91.0	0.007	0.26
湖泊（鹹水）	85.4	0.006	
沼澤	11.47	0.0008	0.03
河川	2.12	0.0002	0.006
生物水	1.12	0.0001	0.003
大氣水	12.9	0.001	0.04
合計	1,385,946.61	100	
合計（淡水）	35,029.21	2.5	100

資料來源：Maidment, D. R.

圖2-1　全球水分布示意圖

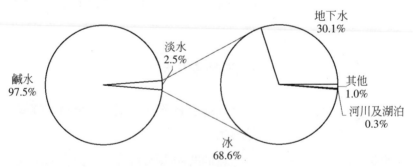

中。毫無疑問海洋占最大比例，約有百分之九十六‧五，其次為冰及地下水，各約占百分之一‧七，而我們最為熟悉的河川及湖泊，所占的比例微乎其微，僅約百分之○‧○一三二。詳細的水分布及比例請參閱表2-1及圖2-1。

地球上約有3500萬立方公里的淡水，但僅約占地球全部水源的百分之二‧五，而且以冰的型態（包括南北極、冰河、高山上終年不融的雪等）存在地球占最大比例，約占總淡水量近七成，另外地下水占了三成，其餘極微小的部分才存在於河川及湖泊中，約有93120立方公里。

這個量到底有多少？打個比方，以一個長50公尺、寬20公尺、深2公尺的標準游泳池為例，地球上的河川及湖泊可以裝滿466億個這種游泳池。即使以現今全世界約有62億人口來推算，每個人尚可分到約7.5個這種游泳池的水量。如果再加上其他的水源（如地下水），地球上可以用的水其實是滿多的，只是有些水源遠離人類群聚的地方，不容易開發使用而已。

生生不息的水循環

「君不見，黃河之水天上來，奔流到海不復回，……」，唐朝大詩人李白的「將進酒」是這麼說的。李白也許不懂水循環，不過「將進酒」的第一句有一點水循環的味道，只是奔流到海的黃河水，是會以其他形式再回頭的。

的確，並非只有河川裡有流動的水，地球上的水無時無刻不在運動著。大氣中的水會以雨、雪等不同形式降下，稱為降水（precipitation）；降下來的水有一部分會被樹木的葉片或建築物等攔截，稱為截留（interception）；有一部分的水可以順利到達地面，到達地面的水又有一部分會入滲（infiltration）到地表下，剩餘的部分則蓄積於地表低窪處。雨不停的下，低窪處積滿水之後便產生地表逕流（runoff），不同地區的地表逕流逐漸匯集成河

圖2-2　水循環示意圖

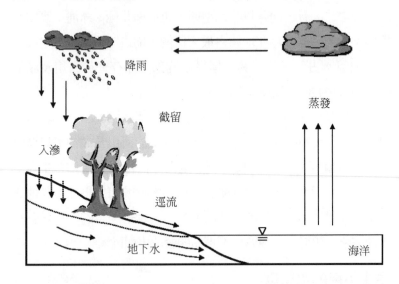

降雨

截留

蒸發

入滲

逕流

地下水

海洋

川，河川最後流入大海。

　　滲入地下的水有一部分會以橫向流動的方式進入河川，另一部分會繼續往更深的地下滲入成為地下水（groundwater），地下水也會繼續流動，在合適的地點以泉水或其他形式回到地表。流到大海的水會因太陽照射而蒸發（evaporation）成為水汽回到大氣中，凝結成雲，等到合適的條件又會以雨或雪的型態，在不同的地區降下。如此周而復始、循環不息的水運動過程即為水循環（water cycle），或者稱為水文循環（hydrologic cycle），圖2-2即為水循環的示意圖。

　　地球上的水以不同型態在地表上約15公里及地表下約1公里的水圈（hydrosphere）內，不斷進行地理位置及物理型態的改變。能推動有如巨輪般的水循環的動力，來自太陽源源不絕的能

表 2-2 全球水平衡

項 目	海 洋	陸 地
面積 (km^2)	361,300,000	148,800,000
降雨量 (km^3/yr)	458,000	119,000
蒸發量 (km^3/yr)	505,000	72,000
逕流量 (km^3/yr)		47,000
降雨量 (mm/yr)	1,270	800
蒸發量 (mm/yr)	1,400	484
逕流量 (mm/yr)		316

資料來源：Chow V. T. et al.

量。

　　但並非所有水循環都得如前面所說的這般工程巨大，在這大循環中，尚有各式各樣的小循環。例如被植物吸收的水，可以直接由植物體內蒸散而回大氣之中，不必經過地表逕流這個過程；還有：土壤內的水分也會因日曬而蒸發、由海洋蒸發的水氣直接變成雨又降落在海洋。因此可以說，複雜的大循環是由許許多多、各式各樣的小循環組成的。

　　水循環各項間的年變化量如表 2-2 所示，全球陸地年平均降雨量約為 800 公厘，蒸發約占了其中的百分之六十一，其餘的百分之三十九為流到海洋的逕流，而大氣中約有百分之九十的水分是由海洋蒸發而來的。

什麼是水資源？

　　從前面的數據可以得知地球有很多的水，可惜的是並非都能讓人類使用，例如海水的鹽分過高，而遠離人類群聚地方或深埋

於地下的淡水，也不容易開發。因此聯合國教科文組織為水資源（water resources）下的定義是：「在一地區對於可確認的需求能長期提供質佳量穩的水源」（Water available, or capable of being made available, for use in sufficient quantity and quality at a location and over a period of time appropriate for an identifiable demand.），依此定義，水資源的特性可歸納為以下幾點：

一、水是人類社會賴以生存和發展不可替代的自然資源。地球上的第一個生命跡象約在四十億年前在海洋孕育後，所有的生命便離不開水。只要長時間缺水，植物枯萎、動物死亡，人類也不例外。相較於其他資源——例如煤炭，可以用石油、瓦斯或其他資源來取代——水是人類目前為止仍無法找到其他替代品的自然資源。

二、水資源具有循環性或可再生性。與其他資源（如深埋地下的礦產），水是具有循環性的自然資源，水遇熱蒸發、凝結成雲、降雨，匯流成河川入海，遇熱又蒸發如此循環不息。這是其他自然資源少有的特性。

三、水資源是一種區域性很強的資源。由於受到全球氣候、地形、地貌、植物分布等因素的影響，地球陸地上的水分布極不均勻，有些地區潮濕多雨，而有些地區卻草木不生，這就說明水是具有區域性分布的自然資源。

四、水資源具有很強的時間性。像礦產都會固定埋藏於地下，不開採幾乎不隨著時間有什麼改變，而水資源具有循環性，會受到氣候等因素的影響，所以有季節的變化。最明顯的莫過於降雨，每年總有一段時間降雨較集中，而另一段時間雨量稀少。

此即水資源的時間性分布特性。

　　五、水資源具有社會性和經濟性。隨著人類社會的發展，水的用途越來越廣泛，不僅是飲用水，連農作物灌溉、工商業區的設立、河川航運、水力發電等等，都依賴水的開發，因此水在社會經濟建設的地位益顯重要。另外，越多用水的人競爭有限的水資源，使得水資源的開發除了工程的開發手段外，還要注重社會層面管理及分配的公平性。

　　六、水資源可以重複利用。一般的自然資源消耗掉之後就無法再利用，而水資源則不然，例如工業冷卻用水，在水溫降低後仍可再次用於冷卻；利用高差由位能帶動水輪機轉動發電的水力發電用水，在發完電後仍可用於其他用途；一般洗車也可利用洗菜後的水等等，這些都是水資源重複利用的例子。

全球水資源知多少

　　地球上的水雖然很多，但是無法全為人類所用，因此地球上的水自然就不等同於能被人類使用的水資源。例如海水很多，但除非利用海水淡化（desalination）技術，要不然很少直接利用；南北極的冰及高山上的雪屬於淡水，但距離人類群居的地方太過遙遠且不易使用；使用地下水的歷史已經很久遠了，但深層的地下水仍然不容易開發。

　　因受限於水源的距離及開發技術的影響，人類用水至今仍以地表的河川、湖泊及容易開發的地下水為主。相信大家關心的問題是一致的：人類已經開發的水資源究竟有多少？未來是否會因為全球人口不斷增加而致供水不足呢？

　　由於水是循環不息的，要評估某地方的水資源量就必須以一段時間內的量來表示，最常用的時間單位就是年，但因每年的量都會有變化，所以「年平均水資源量」是最常用的表示方式。至於水資源量較常以「可再生水資源」（renewable water resources）來表示，可再生水資源代表一個地區的降雨所產生的河川逕流量及地下水補注量。一個地區的可再生水資源量大，代表其可利用的天然水資源較多；當然，要供給人類使用還必須輔以工程措施，並非所有的可再生水資源都能夠開發供人類使用。

　　表2-3所列爲世界各國之「年可再生水資源量」，由於各國位處不同氣候區及國土面積不同，各國之年可再生水資源差異極大，例如南美洲的巴西達到8233立方公里，而位於中東地區的科威特僅有0.02立方公里，乾燥少雨以及面積小是科威特可再生水資源甚少的原因。

　　另一種表達方式是以每人每年所能分配到的可再生水資源，亦即以一個國家的可再生水資源除以該國人口數。冰島爲全世界「人均可再生水資源量」最高的國家，達每人每年599944立方公尺，而科威特每人每年分配不到10立方公尺。

　　台灣地區年平均逕流量約爲638.9億立方公尺，若再加上每年天然補注地下水量40億立方公尺，台灣地區每年的可再生水資源量約爲678.9億立方公尺，以二○○一年人口2240.6萬人估算，台灣地區年人均可再生水資源量約爲3030立方公尺。與其他國家相比較，這個數字當然是比上不足，比下有餘。

　　那麼要如何看待這些數字？人均可再生水資源量的多寡對經濟社會的發展有何影響呢？

表2-3 世界各國可再生水資源及用水量

國　　家	可再生水資源 (km³)	人均可再生水資源 (m³/人)	用水量 (百萬 m³)	人均用水量 (m³/人)	用水量佔可再生水資源之比例(%)
阿根廷	814	21,453	28,583	822	4
不丹	95	43,214	20	13	0
巴西	8,233	47,125	54,870	359	1
加拿大	2,902	92,810	45,100	1,607	2
中國	2,830	2,186	525,489	439	20
剛果	832	259,547	40	20	0
埃及	58	830	66,000	1,055	127
法國	204	3,414	32,300	547	16
德國	154	1,878	46,270	579	31
幾內亞比索	31	24,670	17	17	0
冰島	170	599,944	160	622	0
印度	1,879	1,822	500,000	592	32
以色列	2	265	1,620	287	108
日本	430	3,372	91,400	735	22
約旦	1	169.4	984	255	151
韓國	70	1,471	23,668	531	36
科威特	0.02	9.9	538	306	3,097
荷蘭	91	5,691	7,810	519	9
中華民國	68	3,030	18,480	825	27
沙烏地阿拉伯	2	110.6	17,018	1,056	955
英國	147	2,464	11,790	204	8
美國	3,051	10,574	467,340	1,834	26
全世界	43,219	6,958	3,414,000	650	8

資料來源：*World Resources 2002-2004*

一個地區水資源的多寡是主宰該地區發展的一項重要因素，因此有學者利用「水源壓力指數」（water stress index）的概念，來判斷一個地區的水源是否足夠供應該地區的發展。當一地區每人每年用於維持生活、農業、工業的水量低於某特定值時，該地區即會因水的問題而影響到經濟的發展、甚至傷害到居民的健康。

目前普遍接受的標準爲每人每年1000立方公尺，當每年人均可再生水資源量低於1000立方公尺時即稱該地區爲貧水（water scarcity）；若介於1000至1667立方公尺間則稱爲緊水（water stress）；高於1667立方公尺時則稱爲富水（water abundant）。

以台灣地區年人均可再生水資源量3030立方公尺來評斷，屬於富水的情況，代表台灣地區擁有足夠的天然水資源來發展經濟、富裕人民的生活。台灣地區的年人均可再生水資源量雖然比世界平均值6958立方公尺爲低，但在世界資源協會（World Resources Institute）二〇〇二～二〇〇四年的報告評估的150個國家當中，約有三分之一的國家人均可再生水資源量低於台灣地區。

可再生水資源代表一個地區的天然水資源量，代表該地區水資源供應的潛能，是否能爲人類所利用尚需依賴工程技術來開發，而水源的開發也與該地區的需水量有關，也就是說該地區居民的生活型態、經濟發展狀況等因素，都會影響到需水量的多寡，因此貧水國家不一定會發生缺水，而富水國家也不保證不會出現缺水情形。例如幅員廣闊的國家，人均可再生水資源量可能很高，但水源蘊藏豐沛的地區可能處於人煙稀少的地方而不易開發，因此局部人口密集的區域發生缺水是有可能的。

水源壓力指數是用來評估一個地區是否具有發展潛能的水資

源指標，不適宜用來判斷一個地區是否會缺水。

　　一個地區的可再生水資源是天然的水資源，是否足夠供應一個地區的發展，端賴那個地區民眾的生活型態及社會的發展，不同的經濟發展型態會影響用水量的多寡，世界各國的年用水量如表2-3所示。全世界一年約用掉3414億立方公里的水，其中百分之七十一用於農業，百分之二十用於工業，百分之九為生活用水。由於各國人口數差異極大，且各國的經濟發展不盡相同，因此各國之年用水量差別極大，例如全世界人口最多的中國，年用水量也是全球第一，每年達5200多億噸，約占全世界用水量的百分之十五。

　　若以每人每年用水量來作比較，則全世界人均用水量約為650立方公尺，人均用水量超過1000立方公尺的國家亦甚多，但有些國家如不丹、幾內亞比索，每人每年用水量不到20立方公尺。

　　台灣地區二〇〇一年總用水量為184.8億立方公尺，其中農業用水占百分之七十‧四，工業用水占百分之九‧四，生活用水占百分之二十‧二，年人均用水量為825立方公尺，高於世界平均值；全世界150個國家中，有34個國家的人均用水量高於台灣地區。

　　了解了全球水資源的分布、水文循環、水資源的特性及全世界的用水概略情況後，下一章將一點一滴地介紹水文明的發展。

參考書目

　　《中華民國九十年台灣水文年報》，經濟部水利署，2003。

《今日水世界》，劉昌明、傅國斌，牛頓出版公司，2001。

《台灣地區之水資源》，經濟部水資源統一規劃委員會，1995。

《台灣地區民國九十年各標的用水量統計報告》，經濟部水利署，2003。

Applied Hydrology, Chow, V. T. et al., McGraw-Hill Inc., 1988。

Handbook of Hydrology, Maidment, D. R., McGraw-Hill Inc., 1993。

Sustaining Water: Population and the Future of Renewable Water Supplies, Engelman, R., and LeRoy, P., Population Action International, 1993。

World Resources 2002-2004: Decisions for the Earth: Balance, Voice, and Power, World Resources Institute, 2003。

第3章

水的文明

人類到了十八世紀才了解水分子的組成，但是人類用水的歷史可以追溯到數千年之前，而且四大古文明皆發源於有充分水源供應的流域。

人類究竟如何利用水呢？與人類文明相伴隨發展的水文明如何成就今日的社會呢？有關水的科學知識與技術又是如何發展的呢？這是本章要探討的主題。

西方的水利科技

■遠古時期：西元前六○○年以前

遠古時期的人類，絕大部分時間都花在狩獵等採集食物的活動上；到了距今約九千至一萬年前，人類才知道如何種植農作物及豢養牲畜。最早的農耕活動大約

起源於現今伊拉克及敘利亞附近，之後逐漸傳至尼羅河及印度河河谷，從此農村聚落的生活漸漸取代了游牧生活。

大約六千至七千年前，近東與中東地區的農村慢慢發展為城市，農人種植出比自己所需還多的食物供應他人，此時期人類開始有閒暇時間研究和發展各項技術，包括供應農田灌溉的水輸送及管理。最早發展出控制水流技術的地方在埃及和美索不達米亞，這些上古時代的灌溉工程遺跡，至今仍留存著見證古人的智慧。

據信最古老的水利工程證據是繪有上埃及法王斯考皮溫（King Scorpion, 3200 BC）手持鋤頭主持挖掘灌溉溝渠儀式的圖，距今已經有五千二百年了。之後，統一上、下埃及的曼尼斯法王（King Menes, 3000 BC）約在五千年前曾堵住尼羅河，引水至其他河道，以便在肥沃的河床上建立首都孟斐斯（Memphis）。

在埃及開羅南方約30公里處發現的卡法拉壩（Sadd el-Kafara Dam）是全世界最古老的水壩，距今約四千七百五十年至四千九百五十年前建造，其作用為供應採礦工人飲水之用，今已損毀。中王國時期的埃及法老王阿蒙南赫特三世（Amenemhet III, 1850-1800 BC）曾開鑿一名為莫里斯湖（Lake Moeris）的人工湖，以便調節尼羅河的洪水。之後，新王國時期的塞提一世（Sethi I, 1319-1304 BC）在今敘利亞奧龍特斯河谷（Orontes Valley）建造荷姆斯湖壩（Lake of Homs Dam），至今仍在使用，是目前仍在使用的最古老水壩[1]。

古埃及法老王主要的政績在於開鑿和維修灌溉渠道，以便引用尼羅河的河水。有一些耕地位處地勢較高的地方，他們設計出

圖 3-1 槓桿式吊水設備示意圖

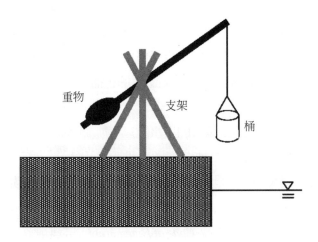

槓桿式吊水設備（shaduf），能將水送到較高的地方以供灌溉之用，有些地方至今仍在使用這種設備，其構造如圖 3-1 所示。

　　而最早有系統的水文研究，是距今約五千五百年至五千年前的埃及人完成的；他們長期觀測尼羅河水位的變化，並建立一套洪水預警系統：當尼羅河上游水位較前一年不尋常地上漲時，便會有人快速划船往下游去通知下游的居民，洪水快要接近的消息。

　　亞述帝國國王薩爾恭二世（Sargon II, 721-705 BC 在位）發明坎兒井（qanats），是一種可將丘陵地區的泉水或地下水送至山腳下的人造隧道。在乾燥地區利用這種方法輸送水，可以避免水源蒸發及污染，後來這種方法流傳到中亞及北非地區。伊朗首都德黑蘭的用水直到一九三三年都還是由坎兒井提供。大陸新疆地區因降雨量稀少，灌溉亦多倚賴坎兒井。

薩爾恭二世之子西拿基立（Sennacherib, 705-681 BC 在位）即位後遷都尼尼微，他為此城建立了完整的水利設施，包括壩、堰及輸水的渠道。馬里卜水壩（Marib Dam）是西元前七百年至一千年前建造的，在現今葉門東部山區的丹寧河（River Denne）上。據記載此河流上有一系列的水壩，而馬里卜水壩是其中最大的，在西元六世紀毀壞之前，馬里卜水壩可以灌溉約100平方公里的土地及供應近5萬人的用水。

在美索不達米亞地區的底格里斯河及幼發拉底河的洪水問題，遠較埃及的尼羅河來得嚴重，因此防洪工程也比埃及發達。古巴比倫時代的國王漢摩拉比（Hammurabi, 1792-1750 BC）所頒布的《漢摩拉比法典》（*Code of Hammurabi*）詳盡地敘述了當時有關經濟、家庭、刑事及民事等法律條款，其中也包括灌溉方面因疏於照料致使渠道的水淹沒他人農作物必須賠償的規範，可以說是最早有關水法的記載。

美索不達米亞地區經過了數百年的繁榮興盛時期，後來因為土壤鹽化的問題而使得農業開始衰退，到一二五八年被蒙古人征服，渠道系統就全數被破壞了。

■希臘羅馬時期：西元前六○○年至二○○年

古希臘七賢人之一的泰勒斯（Thales, 624-548 BC）算得上是早期的水文學家。他認為河水及泉水都是由海水來補充，海水被風吹進陸地的岩石內，由於岩石的壓力而上升至山上然後以河水及泉水的形式流出。

安那克薩可拉斯（Anaxagoras, 500-428 BC）則建構了最原始

的水文循環概念。他認為是太陽使海水上升進入大氣中，而後降下成為雨，再經由地下水庫收集後供給河川水源。

柏拉圖（Plato, 427-347 BC）認為水所形成的海洋、湖泊、河流和泉水，都是由一個叫做塔耳塔洛斯（Tartarus）的大洞穴流出，所有的水最後也會經由不同的途徑回到塔耳塔洛斯。

亞里斯多德（Aristotle, 384-322 BC）在他所寫的《氣象學》（*Meteorologica*）中提到太陽將水變為空氣，當空氣溫度變冷後又會以下雨的形式變回水。但他認為河水並非全部源自於下雨，而是由地底下的凝結物供應泉水，再由泉水變為河水。

當然上面這些理論以現今眼光來看多半不是很正確的，但仍不得不佩服先哲對大自然的敏銳觀察及想像。

亞里斯多德之後，他的學生德奧弗拉斯特（Theophrastus, 371-288 BC）可以說是第一個對水文循環有正確認識的人。他曾在著作中描述：雲是由許多為空氣隔開的小水珠所組成，當雲冷卻時即形成雪片且降下，雪被擠壓就成為水，而水因風而蒸發。

差不多同時期的阿基米德則發現水的浮力原理，其所製造的螺旋式汲水設施（Archimedes' screw），至今在許多地方都還在使用，其形式如圖3-2所示。

最早對氣象進行有系統觀測的是希臘人，德奧弗拉斯特曾經提到在希臘及小亞細亞有許多人對氣象觀測極有興趣。當然一開始並非都是量的觀測，而是記錄哪天下雨而已，而這些記錄大概是在西元前五百年前左右。

最早進行定量雨量觀測的時間可追溯至西元前四世紀印度孔雀王朝（Maurya dynasty）旃陀羅笈多（Chandragupta, 321-297 BC

圖3-2　阿基米德螺旋式汲水設施示意圖

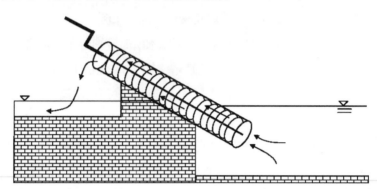

在位）的年代；而第一個提到雨量計（rain gauge）的是柯迭耶
（Kautilya）在其所著的《政治經濟論》（*Arthasastra*）中提及，可
惜他未說明雨量計的形狀。

　　羅馬時期的維特魯威（Vitruvius, 70-25 BC）所寫的《建築十
書》（*De architectura libri decem*）曾提到如何尋找水源，在他的書
中也敘述水道（aqueduct）、水管、井及貯水槽等水利工程的興
建。羅馬人是優秀的工程師，其利用人工水道將山區的泉水輸送
至市區使用，由於地形崎嶇不平，有些地方必須利用架高的構造
物，才能提供輸送水所需的坡度，這些架高物即成了水路橋或渡
槽。

　　羅馬人在五百年間總共造了11條水道，最早的一條水道完成
於西元前三一二年，最後一條則完成於二二六年，而最長的水道
長達91公里。在九七年時所完成的9條水道，估計一天可輸送約
30多萬噸的水至羅馬市區供人使用。希羅（Hero, 65-150）大概是
第一個知道水流的流量與流速及水流面積關係的人，可惜這個發

千年未解之謎——巴比倫的空中花園

傳說中的巴比倫空中花園（Hanging garden），建造在一系列平台的頂上，花園中綠樹成蔭、花朵繽紛、果實香甜、泉水四濺，在平坦的巴比倫城內，綠意盎然的空中花園被稱為世界七大奇觀之一。

不同於其他遠古時候的建築是為了彰顯帝王的榮耀，空中花園是一位國王為了取悅其懷鄉妻子的華麗獻禮。大約在西元前二七〇年的一位巴比倫作家貝羅索斯（Berossus）是第一位提到這座空中花園的人，在他的著作《論美索不達米亞歷史》中曾記載，新巴比倫帝國最有權勢的君王尼布甲尼撒二世（Nebuchadnezzar II, 605-562 BC）為了安慰妻子對米底亞（Media）故國山林的思念，於是命令工匠興建了這座花園。

之後根據希臘史學家席庫魯斯（Diodorus Siculus）的記載，這座花園邊長 125 公尺，高 25 公尺，像劇院般成階梯狀，底部是由許多支撐著石樑的牆所組成，花園的土壤覆蓋在頂部，樹木所需的水由下方的河流經由隱密的裝置供給。

由於空中花園的遺跡尚未被發現，距今二千五百多年前的巴比倫人，究竟用何種方式灌溉位於 25 公尺高的花園，至今仍是個未解之謎。

現未被重視，一直到一六二八年才又被卡士特里（Benedetto Castelli, 1578-1643）給推導出來。大約在西元前二世紀至一世紀間，在巴勒斯坦的猶太人，為了農事目的也開始記錄雨量了。

■二〇〇年至一五〇〇年

此時期是科學的黑暗時期，因對科學知識的輕忽，在水利工程方面的知識及技術並沒有太顯著的進步。但值得一提的有西班

牙主教伊西多爾（Isidore, 570-636）所著的《根源》（*Etymologies*）
敘述了水的循環及特性。被尊稱爲英國氣象學創始者的伯達
（Venerable Bede, 673-735）所編纂的《物性論》（*De rerum natura*）
則綜合敘述了前人有關水循環的研究成果。

在十五世紀時，韓國也開始使用雨量計觀測雨量，最早的記
錄爲一四四一年李朝世宗時使用，後來在漢城及大邱等地均有發
現遺跡，而上刻有「測雨台」，極可能是由中國傳入韓國的。

■文藝復興時期以後：一五○○年以後

雖然人類利用水已經有好幾千年的歷史，但對自然界中水的
各種現象的了解，卻是近幾百年的事情。大約在文藝復興時期以
後，對於水的認知才逐漸由觀念性的哲學轉變爲觀測性的科學，
達文西（Leonardo da Vinci, 1452-1519）可以說是第一個以科學方
法探究水問題的人，他曾對河川水流的流速分布做過有系統的研
究。派立薩（Bernard Palissy, 1510-1589）則藉由敏銳的觀察提出
入滲理論，指出河水與泉水是源自於雨水入滲地下後慢慢滲出來
的，也推翻了河水源自於海水的說法。

現代的水文學（Hydrology）大概萌芽於十七世紀，比魯特
（Pierre Perrault, 1608-1680）、馬立德（Edme Mariotte, 1620-1684）及
哈利（Edmund Halley, 1656-1742）對水文學的發展有極大的貢
獻。比魯特利用法國賽因河（Seine River）流域的雨量及河川流
量觀測資料，指出河川流量僅是一部分的雨量而已，其餘的雨量
因蒸發等其他因素而散失。

馬立德不僅證實了比魯特的結論，更進一步定義入滲原理，

他指出雨水和雪降到地面後會滲入到地下直到碰到不透水的岩層
為止，而橫向流動的地下水，最後會注入河流或泉水。哈利則指
出海水蒸發後在陸地上產生的降雨，足以補充陸地上的水。

其他有關水科學方面的發展有托里切利（Evangelista
Torricelli, 1608-1647）發現汞柱高度與大氣壓力間的關係，帕斯卡
（Blaise Pascal, 1623-1662）發現氣壓原理，牛頓（Isaac Newton,
1642-1727）研究流體阻力等。

十八世紀開始，大量的水力量測及實驗快速累積了水力學方
面的知識，如伯努利（Daniel Bernoulli, 1700-1782）建立了流動流
體壓力、流速及高程（elevation）間的關係，即著名的伯努利定
律（Bernoulli's Law）；蔡斯（Antoine Chezy, 1718-1798）發展了
明渠水流方面的公式；皮托（Henri de Pioto, 1695-1771）發明了利
用水頭高度（water head）量測水流流速的儀器；歐拉（Leonard
Euler, 1707-1783）則首先解釋了水流中壓力扮演的角色，並建立
流體運動方程式。

十九世紀水文學的觀念有了更進一步的發展，道爾頓（John
Dalton, 1766-1844）於一八○二年發表蒸發原理；莫凡尼（Thomas
James Mulvaney, 1822-1892）於一八五○年建立了用於推估尖峰流
量的合理化方法（rational method）；達西（Henry Darcy, 1803-
1858）於一八五六年發展孔隙介質間的水流關係式，建立地下水
流流動理論的基礎，即達西定律（Darcy's Law）；呂波（W. Rippl）
於一八八三年發展了計算水庫蓄水容量的圖解法；曼寧（Robert
Manning, 1816-1897）於一八九一年發展明渠水流公式。

水力學方面的研究有納維爾（Marie Henri Navier, 1785-1836）

將分子力包括於水流運動方程式中；聖凡南（Jean-Claude Barre de Saint-Venant, 1797-1886）於一八七一年推導了一維性的地面水流方程式，普修葉（Jean Louis Poiseuille, 1799-1867）研究水流流經毛細管的阻力；西姆（Adolph Thiem, 1836-1908）研究水井抽水後地下水流運動的理論。

此時期，英國開始大規模建造下水道，主要原因為工業革命以後，人口激增，都市的污水排水及污染問題日益嚴重。一八四二年開始提議興建與雨水下水道分離的污水下水道，自此之後因疾病而引發的死亡率便快速減少，這時才了解到在人口密集的地區，廢棄物及廢污水的處置是個嚴重的問題。

二十世紀初，量化的水文學都是利用經驗法則解決實際的問題，但逐漸由觀測資料配合理論分析取代經驗法則，例如，格林（W. H. Green）及安普（G. A. Ampt）於一九一一年發展了以物理定律為基礎的入滲模式，海生（A. Hazen）於一九一四年引入洪水頻率分析，理查（L. A. Richards）於一九三一年推導出變量流方程式，薛爾曼（L. K. Sherman）於一九三二年介紹單位歷線（unit hydrograph）的應用，甘保（E. J. Gumbel）於一九四一年建議用極端值理論（Extreme value theory）研究水文分析。

近年來電腦技術的進步，使得水資源科技也有了革命性的進展，利用大量的觀測資料配合頻率分析理論，可用於分析工程風險及作為水利設施的設計標準、以電腦模擬解析複雜的水文過程，可以分析大規模的水力現象；而系統分析的運用，可以為多標的水資源系統尋求最佳的營運管理策略；水文資料的即時傳輸，配合水文預報模式的應用，可以預測洪峰到達的時間及洪水

位的高度等等。

　　整合其他科技的發展，可以更了解自然界水環境的變化，而
尋求最佳的工程布置與管理策略，邁向有水之利、無水之害的理
想境界。

中國人的智慧

　　以上介紹的是西方的水利科技。實際上，中國人在這方面的
發展，包括技術的研發、典籍的論述及工程上的成就，亦不讓西
方專美於前。

　　中國文明發源於黃河流域。黃河流量的變異極大，經常發生
洪汜，古藉中多有記載，例如《尙書》〈虞書堯典〉：「湯湯洪
水方割，蕩蕩懷山襄陵，浩浩滔天，下民其咎。」《尙書》〈虞書
益稷〉：「洪水滔天，浩浩懷山襄陵，下民昏墊。」《孟子》〈滕
文公篇〉：「洪水橫流，氾濫於天下。」因此，有歷史記載以
來，治國者莫不以治水爲第一要務，如《史記》〈河渠書〉所記
載：「自是之後，用事者爭言水利。」中國五千年歷史，若以治
水的主旨及法則來區分，大概可以分爲疏、引、導、防、束、蓄
等六個時期，底下介紹各個時期盛行的治水方法、主要事蹟、代
表人物，及相關的學說與著作。

■疏排時代：西元前二二七八年至西元前四一二年

　　自夏禹治水成功那一年（西元前2278年）起至戰國時代魏文
侯任李悝爲相（西元前412年）爲止共計一千八百六十六年，此
一時期以排除水患爲主。

　　夏禹治水大概是本時期最家喻戶曉的故事了。帝堯時派鯀治水，鯀的治水方法以堵塞爲主，即後人所謂的「隄障法」[2]，鯀後因失敗被殺。後來禹治水，依據水流性質，勘查地勢，以疏通水道排洪爲主，使河川的水能順利流到海裡，低窪地區則用低堤防作爲屏障，洪水平定後，國泰民安，功績遠播三代[3]。夏商周三代與春秋時期，黃河不斷氾濫是不爭的事實，周定王五年（西元前602年）黃河發生第一次有歷史記錄的大遷徙，因此本時期治水主要以排除水患爲主。

　　而當時的排水制度「溝洫」即爲周代的井田制度，溝洫不只用於排水、引水，尙可蓄水，因此周代已有灌漑排水事業。西元前六〇〇年前，周定王時楚莊王之相孫叔敖所督建的「芍陂」，即現存於安徽壽縣之安豐塘，可灌漑數萬頃農田，爲最早的灌漑用水庫。

　　春秋時代，有諸侯自河南滎陽引黃河水流向東南，稱爲「蒗蕩渠」，經開封後，稱爲「鴻溝」，此爲中國最早的人造運河；確切的開鑿年代，並無法確定，據推估應在周定王五年（西元前602年）黃河發生遷徙之前。

　　周敬王三十五年（西元前485年）吳王夫差鑿通「邗溝」，目的爲便於向北方運送軍隊及糧秣，邗溝聯通長江與淮河，全長約185公里，爲中國——也是全世界——有確切紀年的第一條大型運河，也爲後來江淮運河水運的發展奠定了基礎。

　　在中國安陽殷墟出土的甲骨文中，已記載了與天氣有關的卜辭，據考證距今約三千三百年前，顯示當時中國就已經有了氣象方面的記錄。而本時期有關水利的專著爲〈禹貢〉，〈禹貢〉非

禹所著，而是《尚書》中的一篇，〈禹貢〉敘述了行政區域的畫分、土壤、特產、貢賦、運道及水系，實際上是當時的地理書，也可以說是全世界對於土壤分類最原始的的典籍。

■引灌時代：西元前四一二年至六七年

戰國時代魏文侯任李悝爲相，派西門豹引漳水灌溉鄴縣農田（西元前412年）算起，至東漢明帝王景治理汴江（67年）爲止共計四百七十九年，本時期治水主要以引水灌溉爲主。

黃帝鑿井和大禹溝洫爲中國古代引灌事業的萌芽，而春秋戰國時期爲水利灌溉事業發展的初期。從地理上來說，中國古代的農田水利引灌事業開始於太行山下的黃河流域，而推廣至關中一帶，可以說中國古代水利灌溉事業的發展先驅爲春秋時代的鄭國，而楚國、齊國、魏國等，接續發展農田水利灌溉事業。

戰國時代魏文侯時鄴令西門豹開鑿溝渠十二條，引漳水灌溉農田，稱爲「漳水十二渠」（與同爲春秋戰國時期建造的都江堰、芍陂、鄭國渠，並稱爲古代四大水利工程）。而本時期最著名的水利工程莫過於都江堰了。

戰國時代的秦國派李冰爲蜀太守，由於岷江在洪水時有氾濫之災、枯水時有乾旱之害，於是李冰與其子李二郎大興水利而建都江堰，可灌溉川西平原十六縣約520萬畝，可以說是中國最成功的灌溉工程。經由歷代不斷養護，都江堰興建至今已兩千餘年，仍可發揮灌溉的功效。二○○○年時，聯合國教科文組織將都江堰列入世界文化遺產之中。

鄭國渠也是秦國重要的灌溉設施之一，關中平原經由鄭國渠

引灌農地後，由旱地農法轉變爲灌漑農法，不但提升了農耕技術，也提高了農作物產量。之後，由於戰國時代各國間連年征戰，水利引灌事業並無特別的建樹。到了漢武帝時代才又開始修築渠圳引灌農田，當時修築的渠圳有漕渠、河東渠、龍首渠、輔渠、白渠等。

雖然「陂」在春秋時代就已經出現，但利用在農田灌漑上，卻是在戰國時期以後，如漢元帝建昭年間，南陽太守召信臣建有「鉗盧陂」，可引灌五千餘頃農田。另外在防洪方面，漢武帝元光三年（西元前 132 年）時黃河氾濫，元封二年（西元前 109 年），漢武帝親臨決口，下令郭昌、汲仁堵塞決口，於是砍伐竹子以爲楗（堵塞河堤決口所用的竹木石等材料），緊封於決口處，再利用沉石當作基礎，而成爲後世釘椿埽壩法的開始。

引灌時期的水運也相當發達，魏惠王遷都大梁（今河南開封西北）後，曾多次動工開鑿以大梁爲中心的運河，這就是歷史上著名的「鴻溝」。鴻溝的開鑿，在黃河、淮河、濟水間形成一完整的水上交通網，對中原的交通裨益甚大。

秦始皇時（西元前 219 年）史祿開鑿「靈渠」，連貫長江水系的湘水與珠江水系的灕水，由於落差太大，不利於航行，因此在渠道上設置一批陡門；靈渠是世界上最早的有閘運河及越嶺運河，兩千多年來，湘桂之間的水運一直都很便利。

大約在西元前四百年，越國范蠡所寫的《范子計然》中提到「風爲天氣，雨爲地氣。風順時而行，雨應風而下，命曰天氣下、地氣上，陰陽交通，萬物成矣」，這大概是中國最早對水文循環概念的記載。

　　另外，戰國末年呂不韋所寫的《呂氏春秋》〈圜道篇〉中也有提到「雲氣西行，云云然多夏不輟；水泉東流，日夜不休；上不竭，下不滿；小為大，重為輕；圜道也」，也是水文循環的觀念。在《雲夢睡虎地秦墓築竹簡》中記載有「嫁已生後而雨，亦輒言雨少多，所利頃數」。另《後漢書》〈禮儀制〉中也有記載「自立春至立夏盡立秋，郡國上雨澤。」這都顯示，秦漢時代已經有要求各地報告農作物生長時期降雨情形的制度。而記錄降雨的儀器據推估此時期已經有了，只是缺乏文字記載。

　　《史記》〈河渠書〉及《漢書》〈溝洫志〉為本時期最重要的水利著作，西漢司馬遷所著的《史記》不僅開創了國家修纂正史的先例，其中的〈河渠書〉更是中國的第一部水利專著。〈河渠書〉記載了上起大禹治水，下至西漢元封二年（西元前109年）間的水利事務，內容以黃河治理為主，也包括運河及灌溉工程等。而東漢班固所寫的《漢書》中也有以記載東西漢水利事務為主的〈溝洫志〉，之後正史中有關水利的記載大都以〈河渠書〉及〈溝洫志〉的體例為主。

　　本時期除了引水灌溉的工程成就外，在其他方面也有創新之舉，例如河堤防守的制度，由各地分治合而為全國之官守，為世界的首創。漢哀帝建平元年（西元前6年），賈讓曾上奏治河上中下三策[4]，上策為「徙冀州之民當水衝者，決黎陽遮害亭，放河使北入海」。中策為「多穿漕渠於冀州地，使民得以溉田，分殺水怒」。下策為「繕完故隄，增卑培薄，勞費無已」。即使到了二十一世紀的今天回顧賈讓的治河理論，仍是水利工程的金科玉律。

河伯娶婦

魏文侯時西門豹任鄴令，不僅興修水利，灌溉農田，也打擊迷信的陋習，此即膾炙人口的投巫於河的故事，《史記・滑稽列傳》中有詳細的記載。

話說當時漳水時常氾濫成災，迷信的人們不知道發生水災的原因，以為是河伯作怪，因此每年都要幫河伯娶婦，挑選年輕貌美的姑娘投入河裡，祈求河伯不要興風作浪。此一陋俗成為當地三老、廷掾、巫嫗藉機斂財的機會，人民苦不堪言。

有一年，又要為河伯娶婦，西門豹也來到河邊，以新娘姿色不好為藉口，請巫嫗前去通知河伯，將娶婦日期延後以尋找更好的新娘，說畢便將巫嫗投入河中。過了一會兒，不見巫嫗回來，再投下巫嫗的女弟子請其前去催促，接連投了三人都不見其回來，又把三老投入河中。此一舉動嚇壞了廷掾等其他人，不斷叩頭求饒。從此再也不敢以河伯娶婦的名義來欺壓勒索老百姓了。

之後西門豹修建漳水十二渠，成就了鄴地的繁榮，當地人們為之立祠、立碑，以表示對西門豹的敬仰與懷念。

■導運時代：六七年至一三五一年

從東漢明帝王景治理汴江（67年）起至元朝賈魯治河（1351年）為止，共計一千二百八十四年，本時期治水主要目的為通漕運。

自從漢代統一天下之後，人口日漸增多，而東南部的農產豐富，為國家賦稅及糧食生產的重要來源，所以發展溝通江淮間的水運，是因應時代情勢所需。東漢明帝時，因河患區域逐漸擴大，有人提議修汴渠以塞決口，於是王景與王吳修渠築堤，不僅

解決了河堤潰決氾濫的災害，同時帶來農田引灌之利，因此「王景治汴」流傳千古。

　　東漢末年，政治腐敗、社會混亂，漕運事業沒有什麼特別的成就。中國漕運的推展在隋朝由於水道興關的輝煌成就而大放異彩，隋文帝開皇三年（583年）開鑿廣通渠，開皇七年於揚州開鑿山陽瀆，隋煬帝大業元年（605年）開鑿通濟渠，全長一千多公里，為溝通黃河、淮河、長江三大流域最早的漕運水道工程。大業四年開鑿永濟渠，使洛陽與涿郡（今北京市）的水道相銜接，全長一千多公里。大業六年開鑿江南運河，由江蘇之鎮江到達浙江杭州，長約四百多公里，隋朝開鑿的運河，奠定了日後南北大運河的基礎。

　　不過真正受惠運河效益的是唐朝。唐朝為了發揮運河的效用，除了維修既有的運河外，也改造及擴建運河，如通濟渠在板渚（今河南滎陽西北）以下在唐朝稱為汴渠，唐朝在開封附近又開鑿了湛渠，使汴渠又東向流到人口稠密的地區，另開鑿幾條永濟渠的支渠以通河北的產糧區。北宋遷都開封，開封附近的汴渠、惠民河、廣濟渠、金水河對航運最為重要。

　　本時期的水利技術以漕運方面發展最快。唐代宗時，劉晏有感於長江、黃河、淮河等河流的水力及河道特性的不同，創設「轉般之法」[5]，在河道旁設置倉儲，使不同水道船隻運送的貨物能轉相受給，從此水道運轉大為暢通。宋太宗雍熙年間，淮南轉運使喬維嶽在淮河設置水閘，調節流量以利通航，為現代船閘之始祖。此外，宋朝初年由於舊渠道不易濬修，因此遙隄、縷隄等隄工[6]興起，為了使隄工不致受損，於是埽[7]等工法相繼發展出

來。

本時期水利方面的學術論著非常多，有《水經》、《水經注》、《吳中水利書》、《四明它山水利備覽》、《浙西水利議答錄》、《至正河防記》、《河防通議》、《宋史河渠志》、《金史河渠志》、《海道經》等書。其中《水經》大約是三國時代的著作，敘述中國主要河流137條，為中國第一部敘述河道水系的專著。

北魏酈道元（466-527年）為《水經》作注成《水經注》，但酈道元做了大量的調查與考證，雖名為注，實際上是以《水經》為基礎的再創作。《水經注》全面性地記載了中國1252條河流，包括水系所經過的山陵、城邑，也敘述了水文、氣候、歷史古跡等，是西元六世紀時中國最有系統、最全面性的綜合地理巨著。

唐朝也出現了中國第一部水利專業法規「水部式」，不過原件已經佚失，現存水部式殘卷二十九段，據考證大約是唐朝開元年間（713-756年）修定的，內容包括農田水利管理、水磨設置及用水的規定、運河船閘的管理及維護、橋樑管理及維修、漁業管理及城市水道管理等，是一部綜合性的水利法規。

■防守時代：一三五一年至一五七八年

從元朝賈魯治河（1351年）起至明朝潘季馴治河（1578年）為止共計二百二十七年。

由導運時代進入防守時代，最主要的原因為河道的變遷以及政治重心的北移。

唐朝末年政治混亂，河道久未治理，再加上宋朝時治河的實

績甚少，導致黃河在宋仁宗慶曆八年（1049年）及宋光宗紹熙五年（1195年）時發生兩次大遷徙，因此不得不盡力於防止水患以求河運的通暢。

賈魯為本時期最著名的水利專家，元順帝時黃河發生氾濫，整治數年毫無功績，至正十一年（1351年）派賈魯治理，賈魯熟習治河之事，僅僅以七個月的時間，成功防堵七、八年未能堵住之決口。治河成功後，賈魯官拜榮祿大夫。但也有批評賈魯者說，雖然賈魯全力挽救河水氾濫，但未能訂定治本大計，因此後來堤防時常發生潰決，河患隱憂仍然存在。

黃河在明孝宗弘治七年（1495年）時又發生一次大遷徙，距賈魯治河僅一百四十餘年。此期間，黃河時常氾濫，治河者只注意堤防的修治，使得黃河淤積後便發生潰決，潰決後河道忽南忽北。這都是未了解河川特性，缺乏整體治理計畫所致。

元朝定都大都（今北京市）後，致力於南北大運河的連接，如開鑿濟州河與會通河，使大都至江南的水運更為便利，目前的京杭大運河即是元代遺留下來的。本時期的水利著作有元朝沙克什所寫的《河防通議》，但已失傳，另外歐陽玄也寫了《至正河防記》，敘述治河諸法，如疏、濬、塞三者之間的差別、塞口及隄埽的方法、所用物料及工具等。

明代的水利專著有袁黃的《皇都水利錄》、吳韶全的《吳水略》、黃光昇的《海塘記》、仇俊卿的《海塘錄》等。

■束約時代：一五七八年至一九一○年

由明朝潘季馴治河（1578年）起至清末（1910年）為止共計

三百三十三年。

束約時代其實爲防守時代的延伸，本時期仍以治河工程爲主，而治河工程著重防守，缺乏遠大的謀略，只有明末潘季馴倡導「束水攻沙」，著有《河防一覽》，算是本時期較著名的水利專家。潘季馴於明世宗嘉靖年間、穆宗隆慶年間及神宗萬曆年間，前後當了四任總理河道的職務，其治河方法主要爲「築堤束水、藉水攻沙、蓄清刷黃」。

清朝初年，黃河也時常決溢，直到康熙十六年（1667年）派靳輔任河道總督，以濬淤、築堤、塞決爲主，兼開引河以分水勢，其後的治河者，多追隨其法，使得數十年間黃河無大患；靳輔著有《治河方略》一書。

其他有關黃河及運河的著作有張鵬翮的《治河書》、張希良的《河防志》，傅澤洪的《行水金鑑》、麟虞的《河工器具圖說》、徐端的《迴瀾紀要》等。其中的《行水金鑑》是以編年體的形式摘錄上起先秦，下至康熙六十年的水利文獻及典章等，內容包括治河、運河工程等。

歐洲文藝復興時期，科學思想及各種理論進步神速，西方的科學技術在明末清初時也逐漸經由西洋傳教士至中國傳教而引進，如義大利傳教士熊三拔（Sabbatino de Ursis, 1575-1620）著有《泰西水法》。

明朝大學士徐光啓因多與傳教士有來往，能吸收西方知識，爲當時介紹西方科學知識的先驅，著有《農政全書》六十卷。之後，因爲清朝採取閉關政策，使得西學無法傳入中國。

■蓄水時代：一九一一年以後

民國以後，由於人口的增加及社會進展，因此需水量日益增多，必須以蓄水的方法滿足各方面的需求。再加上此時期西方科技的大量輸入，走向建造大水庫以蓄水作多方面的運用成了此一時期的特色。蓄水除了傳統的給水、灌溉、航運及防洪之外，因應時代進步和電力需求，水力發電成了另一項水利工程可以促進經濟發展的利器。

早期水力的用途多限於農業，如水車、水磨等，而且都是小規模，到了民國初年才利用在水力發電上。中國第一座水力發電廠於一九一二年在雲南昆明設立，當時東北及台灣為日本管理而稍具規模，其他在一九三一年前所完成的九處，均屬小規模的水力發電廠。到了一九三二年成立資源委員會，才積極籌劃西南各省的水力發電事業。

台灣地區的水利事業發展將在第七章「台灣的水」，詳細說明。

中國著名的水利工程

■都江堰

位於四川省西部成都平原上的都江堰，古名湔堋、湔堰、都安大堰，從宋代開始就被稱為都江堰了。古人修築都江堰的歷史非常悠久，可追溯至春秋時代。

都江堰所在的岷江，舊稱汶江，又稱為成都江或都江，為長江的支流。岷江自發源地進入位於成都平原的灌縣，因落差驟減致流速變慢，因此經常發生洪水氾濫。春秋末年，蜀王杜宇派遣

圖3-3　都江堰平面布置圖

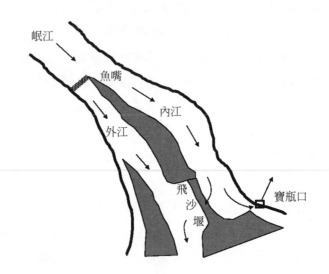

開明率領蜀人治水，水患從此減少。

　　西元前三一六年，蜀國被秦國所兼併，秦國派李冰為蜀太守，李冰與其子李二郎率領蜀人大興水利，修築都江大堰，先在岷江中建造順堤，用以隔離岷江為內江及外江，堤之上游尖端狀如魚嘴，稱為都江魚嘴，用以分水，構成內江之引水口，之後為飛沙堰。在洪水期間，內江過剩之水，可以由堰頂排入外江，而後由寶瓶口輸水至渠道，可灌溉農田一萬多頃。李冰興建都江堰，《華陽國志》〈蜀志〉記載有「旱則引水浸潤，雨則杜塞水門，……，水旱從人，不知飢饉，時無荒年，天下謂之天府也」。

　　據說，李冰建堰時，在附近設立石人以觀測水位的變化，這

大概是中國有歷史記錄以來最早的水尺。石人上刻有「水竭不至足，盛不沒肩」，江水水位不低於石人的足部，成都平原就不會發生旱災，水位不高於肩部，就不會發生水災。李冰本其治水所得的經驗，定出「深淘灘，低作堰」的治水原則，歷來都奉爲圭臬。後人復其遺意編成《治水三字經》：「深淘灘，低作堰，六字旨，千秋鑑。挖河沙，堆隄岸，砌魚嘴，安羊圈。立湃闕，流漏罐，籠編密，石裝健。分四六，平潦暵，水畫符，鐵椿見。歲勤修，預防患，遵舊制，勿擅變！」

由於都江堰水利工程具有重大經濟效益，之後歷代均有修築，至今已有兩千餘年，都江堰仍可發揮灌漑的功效，聯合國教科文組織於西元二〇〇〇年時，將之列入世界文化遺產。

■大運河

中國幅員廣大、地勢西高東低，主要的大河流都是由西向東流，南北向的水運較爲困難，但由於許多主要大河流的支流都是南北向，再加上中下游地勢平坦，湖泊眾多，造就了中國是世界上最早開鑿運河的國家之一。最著名的運河工程莫過於南北大運河。大運河北起北京，南達杭州，將海河、黃河、淮河、長江和錢塘江五大水系聯結起來，全長1700多公里。

大運河的開鑿，並非一朝一代所完成，而是在不同朝代分段開鑿連接而成的。大運河的開鑿開始於春秋時期吳王夫差所開鑿的邗溝，連結長江和淮河。

隋煬帝開鑿了從洛陽到江蘇淮陰之間，長達1000多公里的通濟渠，溝通洛水、黃河、淮河，接上邗溝即可通向長江。

圖3-4　大運河路線示意圖

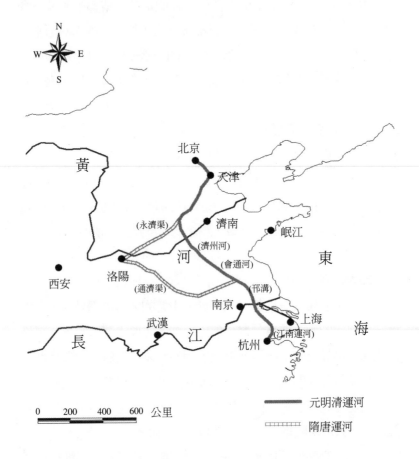

　　隋煬帝又開鑿了永濟渠，使洛陽到北京的水道相銜接。之後，連接江蘇鎮江與浙江杭州間的江南運河使洛陽至杭州間的河運暢行無阻。連接此四條運河就成了一條貫通南北的大運河。

　　元世祖先後開鑿濟州河與會通河以連接天津至江蘇之間的天然河道和湖泊，如此不必繞道洛陽即可由北京直達杭州，目前的京杭運河即是元代所遺留下來的。大運河成為隋代以後、現代鐵公路交通興起前的交通大動脈，不僅促進各代之經濟發展，對政治、文化的貢獻至鉅。

■靈渠

　　秦始皇時（西元前219年）史祿開鑿靈渠，連貫長江水系的湘水與珠江水系的灘水，由於灘水又名靈河，因此稱為靈渠，又稱為湘桂運河或興安運河。靈渠分流南北二渠道，南渠全長約30公里，北渠與湘水舊河道匯流，長約3.5公里。南渠由於落差太大，不利於航行，因而在渠道上設置一批陡門（現稱船閘），船入閘後，立即關閉其後的陡門，故船能逆流而登高，以克服航行的困難。

　　靈渠是世界上最早的有閘運河及越嶺運河。靈渠的開鑿溝通了長江水系與珠江水系，不僅在秦朝，在之後的兩千年內，都是嶺南和內地的主要交通要道，一直到粵漢鐵路完成，才功成身退，但仍可作為灌溉用渠道。

　　現代化船閘的雛型始於宋太宗雍熙元年（984年），淮南轉運使喬維嶽在大運河長江與淮陰段間創建雙閘，以懸門之啓閉通暢船隻；而靈渠的陡門為其前身。著名的英國漢學家李約瑟

（Joseph Needham, 1900-1995）曾以中國第五大發明，來高度評價中國發明的船閘。

　　人類的文明史其實就是水的發展史，然而利用水資源必須藉由工程手段，下一章將介紹人類如何利用智慧克服大自然的挑戰，使水資源發揮最大的功能。

註釋

　　[1] 有另外一種說法，荷姆斯湖壩並非埃及法老王時期所建，而是羅馬帝國君王戴克里安（Diocletian, 245-316）在二八四年所建，請參閱 *A History of Dams,* Smith, N., The Citadel Press, 1972。

　　[2]《周書》〈洪範〉：「……鯀塞洪水，汨陳其五行……。」

　　[3]《史記》〈河渠書〉：「禹抑洪水十三年，過家不入門。……隨山浚川，任土作貢。通九道，陂九澤，度九山。……於是禹以為河所從來者高，水湍悍，難以行平地，數為敗，乃冢二渠以引其河。北載之高地，過降水，至于大陸，播為九河，同為逆河，入于勃海。九川既疏，九澤既灑，諸夏艾安，功施于三代。」

　　[4]《漢書》〈溝洫志〉：「……哀帝初，……河從魏郡以東，北多溢決，水跡難以分明，……，宜博求能浚川疏河者，……待詔賈讓奏言：治河有上中下策。……今行上策，徙冀州之民當水衝者，決黎陽遮害亭，放河使北入海。……如出數年治河之費，以業所徙之民，遵古聖之法，定山川之位，使神人各處其所，而不相奸。且以大漢方制萬里，豈其與水爭咫尺之地哉？此功一立，河定民安，千載無患，故謂之上策。若乃多穿漕渠於冀州地，使民得以溉田，分殺水怒，雖非聖人法，然亦救敗術也。……民田適治，河隄亦成，此誠富國安民，興利除害，支數百歲，故謂之中策。若乃繕完故隄，增卑倍薄，勞費無已，數逢其害，此最下策也。……」

　　[5] 轉般之法，又稱為節級搬運，即沿河道分段運輸。由於不同河流的水深、流速等水力特性並不相同，因此航行於不同河流之船隻大

小、載運量與航速也不相同,如果同時航行於同一河道,容易相互干擾而影響航運之暢通。因此長江船隻不入汴水,汴水船隻不入黃河,黃河船隻不入渭河,河流交會處設立倉儲貯納貨物,轉相受給,在不同的河段由不同的船隻運送貨物,此即所謂轉般之法。

[6]隄,古堤字。縷隄緊靠著河岸修建,遙隄則建於縷隄之外,與縷隄之間還有一段距離,因縷隄離水甚近,易被洪水沖毀,因此再建一道遙隄以確保安全。

[7]埽,用於護岸的水工結構物。埽是以樹枝、薪草、竹等軟性材料分層夾以土石,捲製綑紮而成的物件,將若干個埽連結沉入水中加以固定,則稱為埽工。

參考書目

《中國之科學與文明(十)》,李約瑟著、陳立夫譯,台灣商務印書館,1977。

《中國文明史第二卷:先秦時期(上冊)》,地球出版社,1991。

《中國文明史第三卷:秦漢時期(中冊)》,地球出版社,1991。

《中國文明史第四卷:魏晉南北朝(中冊)》,地球出版社,1992。

《中國文明史第五卷:隋唐五代(上冊)》,地球出版社,1992。

《中國文明史第六卷:元代(上冊)》,地球出版社,1994。

《中國水利史》,鄭肇經,台灣商務印書館,1970。

《中國古代著名水利工程》,朱學西,台灣商務印書館,1995。

《中國的水利發展》,石朝雄,中央文物供應社,1982。

《中國的世界文化與自然遺產》,蘇新益、史自文、蔣恆,京中玉國際公司,2003。

《中國科技文明論集》,〈中國水利學史〉,徐世大,牧童出版社,1978。

《中國科技文明論集》,〈古代灌溉工程起源考〉,徐中舒,牧童出版社,1978。

《中國國家地理雜誌》（26期），〈三峽專輯：水電的聖地〉，2003。

《中華文化通志科學技術典：水利與交通志》，周魁一、譚徐明，上海人民出版社，1998。

《中華文化通志科學技術典：地學志》，楊文衡，上海人民出版社，1998。

《中華氣象學史》，劉昭民，台灣商務印書館，1980。

《牛頓雜誌》（161期），〈世界七大奇觀〉，1996。

《古文明七十奇蹟》，貓頭鷹出版社，2001。

《巧奪天工：世界偉大建築巡禮》，大地地理公司，2000。

《環境工程(二)下水道工程》，駱尚廉、楊萬發，茂昌圖書公司，1999。

《中國漕運史》，李治亭，文津出版社，1997。

Applied Hydrology, Chow, V. T. et al., McGraw-Hill Inc., 1988。

Groundwater Hydrology, Todd, D. K., John Wiley & Sons Inc., 1980。

History of Hydrology, Biswas, A. K., North-Holland Publishing Company, 1972。

Introduction to Hydrogeology, Deming, D., McGraw-Hill Inc., 2002。

Water Resources Handbook, Mays, L. W., McGraw-Hill Inc., 1996。

第 *4* 章

水利工程

人類文明的發展離不開水，幾千年來經驗累積，人們也早已發展出開發與管理水資源的方法。大部分的人未必了解水利工程的規劃、設計、施工與管理等技術性事務，但水利工程發揮的功能，如供給飲水、灌溉、發電、甚至提供遊憩，卻是我們天天接觸及享受到的，底下將介紹常見的水利設施的應用原理，及其發展歷程。

民以食為天──灌溉工程

灌溉是為了提供農作物生長所必要的水分。人類在脫離游牧式生活、進入農村聚落的生活方式時，就必須倚賴灌溉來提高農業生產；其作用一是為了養活更多

的人口，其二是不能完全依靠雨水或河水等天然不穩定的水源，其三是水源與耕地之間的距離，因此人類很早就發展出灌溉農作物所需要的取水與輸送水的技術。

　　然而每個地區的氣候及地形不同、農作物種類與需水型態也不盡相同，因此不同的地區會發展不同的灌溉方式，而且隨著科技的進步逐漸改進。

　　農業起源甚早，一般相信距今大約九千至一萬年前，人類便已知道如何種植農作物及豢養牲畜。一九九五年在中國湖南省道縣玉蟾岩遺址所出土的稻殼，據估計已有一萬年歷史，為現今世界上已知最早的人工栽培稻遺跡。一九七三年發掘的浙江省餘姚縣河姆渡遺址，出土了大量的稻穀、稻殼及稻草的堆積，據推估距今也有七千年之久。

　　遠古時候尚未有便利的機械設備汲水灌溉，人力便是最可靠的動力，因此許多簡便的汲水設備都依賴人力，例如古埃及時代的槓桿式吊水設備及阿基米德螺旋式汲水設施，都能將水送至地勢較高的地方。

　　中國的農業發展起源雖早，但農田灌溉的發展與古埃及或兩河流域比較起來顯得晚了許多，主要的原因在於尼羅河及兩河流域依賴的是氾濫平原，而中國文明的發源地黃河流域雖然經常氾濫，但氾濫之後的土地往往因水流沖失無法利用，因此中國遠古時代農業發展以旱地耕作為主。但大約在西周時期也已經有引水和取水的人工灌溉方式了，例如《詩經》〈小雅白華篇〉中即記載有「滮池北流，浸彼稻田」。

　　中國真正大規模的農田水利灌溉是在春秋戰國時代開始的，

最早的發展有春秋時期鄭國子駟、子產開闢田間溝渠，戰國時期
著名的灌溉工程有芍陂、漳水十二渠、都江堰及鄭國渠等。至於
灌溉技術在《周禮》〈地官〉中記載有「以瀦畜水，以防止水，
以溝蕩水，以遂均水，以列舍水，以澮寫水」，其意為修築陂塘
等蓄水工程為水源，挖渠築堤束水導入幹渠，不使水流失，然後
由幹渠分流至支渠，再到斗渠，水平緩而暢流，通過溝渠平均的
配水到田間小溝，再由小溝流入田間，四周築起田埂使水留住，
有洪水時則通過大溝排放到河中。

　　秦漢時期，農田水利以關中為中心，並擴展到西北及西南等
較偏遠的地區，關中地區農田水利工程發展最快，此時期開鑿的
灌溉渠道有龍首渠、元輔渠、白渠等。漢武帝在河套及河西走廊
屯田時亦開鑿了許多渠道，坎兒井在西漢時期已成為新疆地區的
主要灌溉工程之一。而在南方江淮一帶則盛行攔蓄山間溝水成為
人工陂塘，用來蓄水灌溉，最著名的工程為在南陽地區的「六門
陂」。

　　到了魏晉南北朝時期，為了配合大規模屯田，在各地開挖許
多引水渠道，以及修造埤塘、廣興農田，此時期較著名的工程有
臨晉陂、戾陵遏等。

　　隋唐五代時期，農田水利工程仍有很大的發展，農田水利設
施在北方遍及黃河流域及西北地區，如新開鑿的唐徠渠是寧夏最
大的灌溉工程，而關中平原灌溉渠道的修復和擴展是唐代另一項
重大的成就，涇水、渭水、洛水及汧水成為四大灌溉水渠。

　　宋代的農田水利建設以解決農田灌溉問題的工程占多數，如
宋神宗時修建了木蘭陂，宋徽宗修廣利渠等，另外一類工程則是

透過排澇達到改造劣質農田的目的。

　　元朝對農田水利的興修也很重視，修建的大型水利工程總計二百多件，多數集中在南方。明代農田水利建設重點主要為修復宋、元以前被破壞和長期失修的大型渠堰、水道等。清代時，因人口增加迅速，向西北邊疆進行移墾，因此新疆地區的水利建設甚為發達。

　　至於與農田水利灌溉相關著名著作有元朝王楨所著的《農書》及明朝徐光啓所著的《農政全書》；有日本學者將此二書與《齊民要術》、《農桑輯要》與《授時通考》評價為中國五大農書。王楨的《農書》不僅綜合了黃河流域旱地農業和江南水田農業的生產經驗，而其中的〈農器圖譜〉更是詳細敘述及描繪當時所用的農具，水力工具包括了戽斗、桔槔、轆轤及水車等。

　　戽斗為利用柳條或木製成斗狀，兩邊各繫有繩索兩條以供雙人以手將水由低處送至高處。桔槔為利用槓桿原理所製成，以桶將水送至高處的構造。轆轤為利用橫軸繞以掛桶之繩索，橫軸旁裝置曲柄，轉動曲柄可將水自井中汲取。水車的使用則可將河流或溝渠的水引至農田，龍骨水車為木製長型結構物，分水箱、旋轉龍骨、撥水板等，可由人力（腳踏）或獸力帶動。另一形式的水車為利用筒裝置在轉輪上汲水，稱為筒車。請見圖4-1所示。

　　徐光啓所著的《農政全書》有六十卷，五十多萬字，其中水利九卷包括南北水利、灌溉門、利用門、泰西水法等。《農政全書》非常重視農政措施及農業技術兩方面，特別是水利問題，例如「旱田用水疏」就曾提到「用水五術」，包括用水之源（對山泉和地下噴泉之利用），用水之流（對江、河、塘等水流的利

圖4-1　古代使用的灌溉設備：(a)戽斗；(b)桔槔；(c)轆轤；(d)翻車；(e)牛轉翻車；(f)筒車

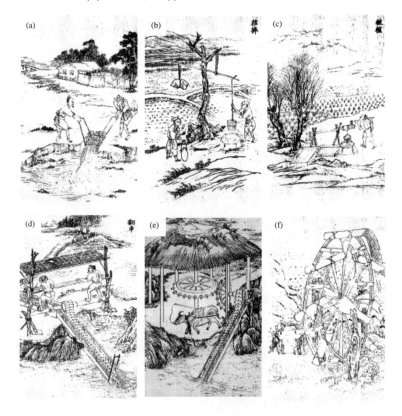

用），用水之瀦（對湖、蕩、沼、澤等積水的利用），用水之委（濱海地區江、河出口處以及海中島嶼、沙洲水源或水流的利用），及作原作瀦以用水（在高原缺水地區，依靠人力開鑿水井，或修築池塘、水庫積蓄泉水、雨水或雪水等加以利用）。

　　底下將介紹台灣地區灌溉工程的發展歷程及常見的灌溉設施。

　　大約從宋朝開始即有先民渡海來台墾殖，由於缺乏文字記載，無法了解當時引進何種灌溉技術。但在荷人據台及明鄭時期，已經有大規模的開發墾殖，修築的水利設施也有記載。此時期的水利開發，多為人工或天然的埤池為主，例如荷據時期修築有陂4處及井8口，明鄭時期有陂5處（另一說法為20處）。

　　埤或陂為台灣早期蓄水灌田的設施，是指在地勢低窪的地方築堤貯水或截流雨水以灌溉農田，或是利用溪流築堤蓄水的設施。例如桃園台地為了農業灌溉，開鑿了許多埤塘以攔截雨水與地表逕流。一九二六年時沿著桃園大圳開闢的埤塘多達2400餘座，在石門水庫完成前更增加至8800餘座埤塘，使桃園縣有「千塘縣」的美稱。近年來石門大圳及桃園大圳供應灌溉用水，埤塘逐漸喪失功用且被填平而減少，到了一九九五年時，僅存1450座埤塘。

　　水圳的發展是在清康熙五十八年（1719年）施世榜完成施厝圳後才普遍發達起來的。清朝時期所興建的渠圳有施厝圳（八堡圳）、葫蘆墩圳、隆恩圳、金合川圳（瑠公圳）、曹公圳等。

　　日本統治台灣五十年期間，對於農田水利的重要措施包括：

　　(1)調查維護農田水利環境；

　　(2)研訂農田水利相關法令；

　　(3)創設農田水利組合（即今農田水利會前身）；

　　(4)興建大規模現代化水利工程（如桃園大圳、嘉南大圳、莿子埤圳、後龍圳、獅子頭圳、后里圳等）；

　　(5)建立嘉南平原三年輪灌制度。

　　而台灣光復後對於農田水利設施的施政重點有：

(1)農田水利組合的改進；

(2)輪灌制度的擴大推行；

(3)地下水的開發利用；

(4)灌溉用水庫的興建。

一九四五年將日據時期的農田水利組合改組為水利協會，一九四七年再改組為水利委員會，一九五六年再改組為農田水利會，台灣地區目前有17個農田水利會。

灌溉用水庫的興建先有大埔、明德、白河、龍鑾潭等水庫，之後則興建多目標大型水庫，如石門、曾文水庫等。新建渠圳工程有石門大圳、太平渠、關山大圳、能高大圳、卑南上圳等。

台灣地區常見的灌溉工程設施有：

一、渠首工：圳路自水源地取水的工程稱為渠首工，一般包括攔截河流的攔河堰，及將河水引入圳路的圳頭，通常有閘門控制。

二、圳路：自渠首工取水後輸送水的渠道，渠道具有坡度，因此水可利用重力由高處流向低處。但遇到障礙地形，如河流或高山阻擋時，則必須利用下列工程輔助：

(1)渡槽（flume）：當圳路要通過河流時必須興建過水橋，稱為渡槽，早期多為木製，所以也稱為「木梘」，例如瑠公圳通過景美溪時就利用此法，而現今景美地名則是因為位於「梘尾」而得名。

(2)倒虹吸工（inverted siphon）：不興建渡槽而興建管路由河床底下通過的方式則稱為倒虹吸工，例如在日據時期興建的新社鄉白冷圳就有3座倒虹吸工。

圖4-2　渡槽與倒虹吸工示意圖

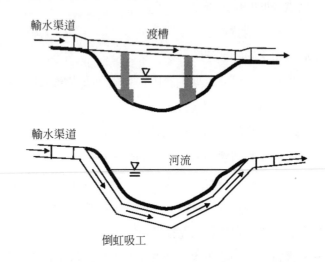

(3)隧道（tunnel）：遇到高山無法通過時，開鑿隧道就成為惟一的方法，例如嘉南大圳的主要水源烏山頭水庫，即由曾文溪取水，自進水口取水後先由明渠輸水，之後由暗渠連接隧道，穿越烏山嶺，將水自曾文溪輸送至烏山頭水庫內。

三、調整池：為了貯蓄夜間停灌的圳水，避免浪費，以調節水源使用功能的蓄水設施。例如台東農田水利會所屬的馬背調整池，將鹿野大圳夜間停灌圳水及雨季的河水貯蓄起來，利用自然落差實施噴灌。

四、分水工：指主幹線分水給支線的配水工程。

想了解台灣農田灌溉設施的發展歷程嗎？在雲林縣林內鄉有台灣首座的農田水利博物館「農田水利文物陳列館」。館內有現代及傳統水利展覽室、農耕器具展示室，及水利動態模型等。另

水往上流

「人往高處走，水往低處流」是勉勵人要克服逆境，奮發向上，
不要像水受地心引力影響只能由高處往低處流。但位於台東縣東
河鄉漁橋附近，道路邊一條農田灌溉的溝渠，裡面的水流竟然順
著溝渠慢慢地往上流，旁邊有塊石碑刻有「奇觀」二字。
許多好奇的遊客會投入樹葉或其他較輕的東西使其漂浮水面上，
以便看清楚水究竟是如何違反大自然的定律由低處往高處流。
讀者不妨前往一探究竟，由台東市沿十一號省道北上，距都蘭南
方不到二公里處就可以發現此一地點。真有水往上流的奇觀，或
者是眼睛的錯覺呢？

外也有數位博物館，由桃園農田水利研究發展基金會製作的「台
灣農田水利數位博物館」，介紹有關農田水利及農場機具的發展
過程及相關史料，讓你不出門也能了解台灣過去農業的點點滴滴
及現在的發展現況。

飲水思源──自來水工程

依據自來水法第十六條的規定，自來水是指以水管及其他設
施導引供應合乎衛生、適於飲用之公共給水。

羅馬人在西元前三百年，即建造水道自山區引乾淨的泉水至
市區使用，而不用遭受污染的河水，並使用蓄水池沉澱水質。
八、九世紀時，阿拉伯人開始利用蒸餾法淨水。一六二七年，英
國開始利用混凝、過濾、煮沸及蒸餾法淨水。一六八五年，義大
利開始用沉澱及砂濾程序處理水。一八〇四年，蘇格蘭完成第一
座供全鎮使用的濾池及供水系統。一八九〇年，美國完成第一座

快砂濾池。一九一〇年，開始使用液氯於自來水處理程序的消毒後，才算初步完成傳統自來水工程的各項設施。

中國第一座自來水廠於清光緒五年（1879年）設立於旅順，一八八二年及一九〇一年起分別在上海與天津的租借區建立自來水系統。民國以後，陸續於廈門、福州、重慶、南昌等大都市建設自來水工程。

台灣地區的自來水工程開始於日據期間，台灣總督府聘請英人巴爾頓（William K. Burton, 1856-1899）來台協助，全台第一座自來水廠，一八九六年於滬尾（淡水）動工，一八九九年完工，之後陸續完成基隆、台北、彰化等地的自來水設施。

自來水工程設施可分為集取水、輸水、淨水及配水等工程，圖4-3即為一自來水供水系統的示意圖，各項工程簡要說明如下。

一、集取水工程：因水源來源的不同，可分為地面水及地下水集取水工程，地面水可以蓄水庫的形式蓄水，或於河川設堰取水，而地下水則多半設井抽水。集取水工程獲得的水稱為原水，必須由輸水工程輸送至淨水廠處理。

二、輸水工程：可分為「原水輸水」與「清水輸水」二類。原水輸水是指將水自水源輸送至淨水廠，而清水輸水是指將水自淨水廠輸送至配水系統。輸水工程可分為依重力使水流動的「自由式管路」，及藉由壓力輸送的「壓力式管路」。

三、淨水工程：淨水主要是除去水中的濁度、色度、嗅及味等有關的懸浮物及膠體、部分溶解物或氣體，以及水中的細菌及微生物。淨水系統是指包括氣體傳送（曝氣、脫氣）、離子移除

圖4-3　自來水供水系統示意圖

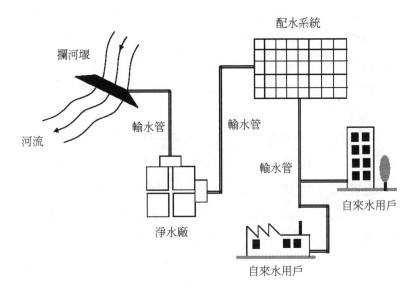

（化學混凝、化學沉降、離子交換、吸附）、溶質穩定（將水中溶解性雜質穩定成無害物質）及固體移除（篩濾、沉澱、浮除、過濾）等單元的淨水程序。

　　四、配水工程：自來水配水工程包括配水管網、配水池及用戶接管。可分為依重力送水的重力式配水系統及以抽水機加壓送水的抽水式配水系統。

　　台灣地區的自來水發展在一九一八年以前算是萌芽階段，僅有少數地方，如台北、基隆等地，有自來水供應。一九一八年以後，日據時期的台灣總督府開始大力建設自來水，當時一萬人以上的市鎮都相繼興建自來水設施，全盛時期每日自來水出水量達到23萬6千噸，供水普及率達到當時人口的百分之二十二。

　　太平洋戰爭爆發後，日本政府各項物資都以供應軍需為最優先，因此自來水設施的新建及擴建工程幾乎全部停頓。戰爭期間盟軍轟炸，自來水設施損壞甚多，供水普及率降至百分十六左右。台灣地區光復之後，百廢待舉，因財源籌措困難，自來水設施的修復沒有很大的進展，一九四九年以後才進入自來水工程大規模建設時期。

　　一九五二年台灣地區自來水給水系統有135處，至一九六三年已經增加至230處。一九五九年擬定「台灣省自來水十年計畫」以因應經濟的快速成長，自一九六三年開始執行數期的自來水建設計畫，並合併各地的自來水廠於一九七四年成立「台灣省自來水公司」，使得自來水事業的發展邁入另一個階段；當時出水能力為每日136萬噸，供水普及率為百分之四十二。至二〇〇二年台灣地區供水普及率已經達到百分之八十九，而台北地區幾近達到百分之百。

蓄豐濟枯──水庫工程

　　水庫是指用壩、堤、水閘、堰等工程，於山谷、河道或低窪地區形成人工水域，透過此人工水域，可以將河流在高流量時蓄水以避免洪災，而後在低流量時緩慢放水。水庫是經由逕流調節以改變自然水資源分配的主要工程措施，而壩、堤或堰即是截住水流的構造物。大約從元朝開始才使用壩這個字，之前多半使用堤、陂、堰等，一般高大者或排洪時只可局部溢流或通洪者稱為壩，而低小或可全面溢流者稱為堰。就功能而言，壩主要在蓄水形成水庫以供調節水量運用，而堰則只是抬高水位以利引水，較

少具有蓄水調節的功能。而堤現在一般多指沿著河岸修築以防止水流溢出的構造物。

人類在很早以前就知道修築水壩了,全世界最古老的壩是距今約四千七百五十年至四千九百五十年前在埃及開羅南方約30公里處所建造的卡法拉壩,現已損毀,目前仍在使用的最古老水壩則是距今約三千三百年前在今敘利亞所建造的荷姆斯湖壩。

中國最早的水庫是距今約二千六百年前,周定王時楚莊王之相孫叔敖所督建的芍陂,即現存於安徽壽縣的安豐塘。唐太和七年(833年)鄞縣縣令主持興建位於浙江寧波西南的它山堰,是中國首次出現以大石塊疊砌而成的壩體。而台灣地區最早的水庫是清道光二十一年(1841年)時完成的虎頭埤水庫。

水壩依建造的材料來分大略可分為二類:堆填壩與混凝土壩。堆填壩是以土壤及塊石堆填而成的水壩,如石門及曾文水庫均屬之;混凝土壩是以混凝土為壩體材料,依力學特性的不同又可分為重力壩(gravity dam)及拱壩(arch dam),重力壩是靠壩本身的重量來抵擋水的水平推力,如霧社水庫;拱壩則是利用拱的作用將水的力量傳至山壁,因此僅適合建造在地質條件良好的地方,如德基水庫、翡翠水庫。堆填壩、重力壩及拱壩的剖面示意圖如圖4-4所示。

堆填壩是最古老的壩,如埃及的卡法拉壩,錫蘭在西元前五百年亦建有土壩(earth dam)。堆填壩因體積甚大,壩體內的應力與對地基的壓力都不大,因此可適應地形變化較大及地質情況較差的地區;重力壩的設計理論自十七世紀開始孕育,但真正成熟的理論則是在百年之後才發展出來。

圖4-4　(a)重力壩斷面圖；(b)拱壩平面圖；(c)堆填壩斷面圖

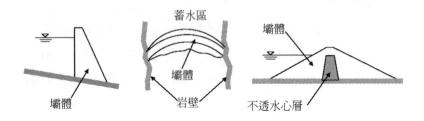

　　進入二十世紀之後，現代的建設技術體系逐漸形成，材料也由混凝土取代漿砌石。拱壩出現的時代較晚，但最早亦可追溯至三世紀時，法國人所建造高12公尺的拱壩。

　　水壩一般都是建造於地表上攔蓄河川逕流，但也有建築地下截水牆，截蓄地下水或潛流形成地下水庫，例如位於澎湖白沙鄉北側海邊的赤崁地下水庫，即是由長達820公尺的地下截水牆，將赤崁盆地地下水蓄於庫區砂質土壤內，需水時則利用抽水井抽汲利用，為台灣地區目前唯一的一座地下水庫。

　　另有以水庫是否位於主河道上分為「在槽水庫」及「離槽水庫」。在槽水庫是指水庫建於河道上並蓄存來自河流上游的河水。台灣地區大部分的水庫都屬於此類，例如石門水庫位於淡水河支流大漢溪上，曾文水庫則位於曾文溪上。

　　而離槽水庫是指建於非主河道的山谷、窪地或湖泊，經由渠道或隧道將其他地區的水源輸送至水庫內蓄存。如日月潭水庫由武界引濁水溪水源，位於官田溪的烏山頭水庫則由曾文溪引水，都是屬於離槽水庫的例子。

　　水庫的主要功能為利用其庫容調蓄地表逕流，因此可發揮如

圖4-5 河川天然流量與用水量關係圖

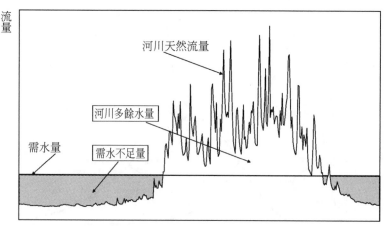

灌溉、給水、發電、防洪及觀光等功能,其他尚有航運、河川水質改善等功能。若水庫僅為某些特殊功能所建造則稱為單目標水庫,例如寶山及南化水庫都是以公共給水為單一目標的水庫。

相反的,若水庫的興建是為了多項功能而設計的,則稱為多目標水庫,例如台灣地區較大型的水庫,如曾文、石門、翡翠水庫都是以給水、發電、防洪等多目標而建造的。

河川的流量會有季節性的變化如圖4-5所示,但用水量一般不會像天然流量有如此明顯的季節性變化,因此必須利用水庫的庫容將豐水期的水蓄留住以供枯水季節使用,這就是水庫「蓄豐濟枯」的功能。

而水庫在颱風季節來臨前,會先將水庫容量空出以便蓄留洪水,圖4-6即為洪水期間水庫入流與出流歷線的示意圖。由圖可以知道原本很大的洪峰因水庫蓄存洪水而大幅減小,如此可防範

圖4-6　水庫入流與出流歷線示意圖

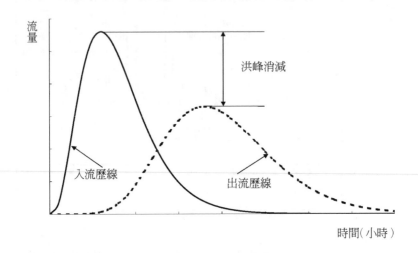

下游地區因洪水而發生氾濫。爲了達到這些目的，水庫管理單位就必須有一套繁複的營運規則，較常用的爲運用規線，如圖4-7所示即爲石門水庫的運用規線，分爲上限、下限及嚴重下限，訂定各個時間的水庫水位，以供判斷應該採取何種營運規則。

　　在正常的運用情況下，水庫水位應該保持在規線上限與下限之間，水庫水位若低於嚴重下限則會採取一些限制用水的措施。而六月至九月間爲防洪運用期間，因此水庫規線上限較其他時間爲低，以備蓄存洪水之用。

　　水庫可以發揮許多功能，其在水資源工程中的重要性近一世紀以來與日劇增，再加上現代工程技術的不斷改進，使得全世界的水庫不僅數量越來越多，建造的規模也越來越大。根據統計，二○○○年時，全世界壩高超過15公尺的水壩約有47655座，其

圖4-7 石門水庫運用規線

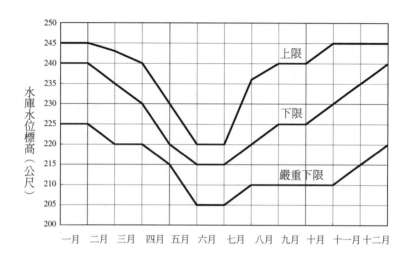

中近半數的水庫在中國大陸（22000座），其次為美國的6575座，水庫數量排名前十名的國家列於表4-1，而台灣地區（包括金門及馬祖）所有93座堰壩中，壩高超過15公尺的有45座。

美國在一九三六年完成的胡佛壩，壩高221公尺的重力式拱壩，是當時全世界最高的壩，此記錄維持了二十多年，直到一九五八年瑞士興建莫瓦桑壩才被打破，此拱壩高237公尺（一九九一年時加高到250公尺）。之後，義大利於一九六一年建成壩高262公尺的瓦依昂壩，此拱壩後來因為庫岸滑坡的問題而無法發揮功能。

瑞士也在同一年建成大狄克遜壩（Grande Dixence Dam），壩高285公尺，是迄今為止最高的混凝土重力壩。美國在一九六八年建成的奧羅維爾壩（Oroville Dam），壩高235公尺，是全世界

表4-1 全世界前十個水庫最多的國家

國　　　家	水庫數量
中國	22,000
美國	6,575
印度	4,291
日本	2,675
西班牙	1,196
加拿大	793
南韓	765
土耳其	625
巴西	594
法國	569
中華民國	45

資料來源：*Dams and Development*

首次壩高超過200公尺的土石壩，迄今仍是美國的最高壩。

位於前蘇聯喬治亞共和國境內英古里壩（Inguri Dam），一九八〇年完工，壩高272公尺，是目前全世界最高的拱壩。前蘇聯塔吉克斯坦境內一九八〇年建成的努列克壩（Nurek Dam），屬於堆石壩，壩高300公尺，是世界第一座壩高達到300公尺的高壩。同樣位於塔吉克斯坦境內，目前興建中的羅貢壩（Rogun Dam）更高達335公尺，屬於土石壩，完工後將會是世界第一高壩。

世界前十高壩的基本資料列於表4-2，另外，台灣地區、中國大陸及美國現有最高的壩也列於表4-2以供比較。霧社大壩是台灣地區最早興建壩高超過100公尺的水壩（114公尺），而德基大壩為目前最高的水壩，壩高達180公尺。若以水庫蓄水容量計

表4-2 全世界前十高壩基本資料

壩　　　　　名	國　　　家	壩　型	壩高(公尺)	完工年份
羅貢 (Rogun)	塔吉克斯坦	堆填壩	335	興建中
努列克 (Nurek)	塔吉克斯坦	堆填壩	300	1980
大狄克遜 (Grande Dixence)	瑞士	重力壩	285	1961
英古里 (Inguri)	喬治亞	拱　壩	272	1980
瓦依昂 (Vajont)	義大利	拱　壩	262	1960
奇科艾森 (Chicoasen)	墨西哥	堆填壩	261	1980
特里 (Tehri)	印度	堆填壩	261	興建中
蓋里諾若 (El Gallinero)	墨西哥	重力壩	260	1946
莫瓦桑 (Mauvoisin)	瑞士	拱　壩	250	1957
亞伯特 (Alberto Lleras C.)	哥倫比亞	堆填壩	243	1989
德基	中華民國	拱　壩	180	1973
二灘	中國	拱　壩	240	2000
奧羅維爾 (Oroville)	美國	堆填壩	235	1968

資料來源：National Performance of Dams Program

算，目前全世界蓄水量最大的水庫爲位於烏干達、肯亞及坦尚尼亞境內，又稱爲維多利亞湖（Lake Victoria）的歐文水庫（Owen Falls Dam），總蓄水量達2040億立方公尺。

　　世界上蓄水量最大的10個水庫的基本資料列於表4-3，而台灣地區、中國大陸及美國蓄水量最大的水庫也列於表4-3以供比較。曾文水庫爲目前台灣地區蓄水容量最大的水庫，總容量爲7億1千萬立方公尺，有效容量爲5億8千萬立方公尺。台灣地區因爲受到地形的影響，無法像大陸型地區有蓄水量極大的水庫，以德基水庫爲例，壩高180公尺，完工時總量只有2億5千萬立方公尺，中國大陸現正興建中的長江三峽水庫，壩高175公尺，蓄水量卻高達393億立方公尺。

表4-3　全世界前十大蓄水量水庫基本資料

水　庫　名	國　　　　家	蓄水量 (立方公里)	壩高 (公尺)	完工 年份
歐文(Owen Falls)	烏干達、肯亞、坦尚尼亞	204	31	1954
布拉斯科夫(Bratskoye)	蘇聯	169	106	1967
納瑟(Nasser)	埃及	169	95	1970
卡里巴(Kariba)	尚比亞、辛巴威	160	100	1959
伏塔(Volta)	迦納	148	70	1965
丹尼爾強森(Daniel Johnson)	加拿大	141	214	1968
古里(Guri)	委內瑞拉	136	162	1986
卡拉斯諾亞斯科夫 (Krasnoyarskoye)	蘇聯	73	100	1967
瓦地塔塔(Vadi-Tartar)	伊拉克	72	-	1976
班奈特(WAC Bennett)	加拿大	70	183	1967
曾文	中華民國	0.7	133	1973
三峽	中國	39.3	175	2009
胡佛(Hoover)	美國	34.9	223	1936

資料來源：*Water for People, Water for Life*

　　水庫雖然可以發揮極大的功能，對人類經濟社會的貢獻不可磨滅，但近年來卻備受環境保育團體的詬病與抗議，他們高喊「讓江河自由奔流」(Let the rivers flow freely)。

　　要了解他們為何反水庫，首先得了解建壩對環境有何影響，有人把水庫對環境的負面衝擊羅列成二十大罪狀：

　　(1)淹沒大量土地、森林；

　　(2)遷移居民；

　　(3)影響陸生及水生生物；

　　(4)水庫表面蒸發損失；

(5)水庫內泥砂淤積；

(6)影響景觀；

(7)誘發地震；

(8)引起庫岸滑坡；

(9)淹沒古跡；

(10)影響人類身體健康（滋生蚊蠅害蟲等）；

(11)影響局部氣候；

(12)惡化水質、改變水溫；

(13)影響漁業；

(14)下游河道發生沖刷、河口海岸侵蝕；

(15)清水排放，減少下游水中養分；

(16)引起下游農田鹽鹼化；

(17)引起下游農田沼澤化；

(18)施工棄土、廢水引起污染；

(19)妨礙通航；

(20)潰壩風險。

　　每一座水庫所位處的地理條件、水文情況都不一致，會衍生對環境的負面影響也各不相同，並不是所有的水庫都會發生前面所列的所有的問題，例如有些河流原本就不適於通航，而誘發地震通常也是蓄水量達百億立方公尺以上的超大型水庫才會有的。但由於這些潛在的負面影響，使得世界上對興建水庫的抗爭也越來越多，台灣地區自然也避免不了這種趨勢，最著名的例子莫過於美濃水庫的抗爭。

　　凡事有利有弊，水利工程也不例外，發揮正面效益的同時也

會引起負面環境影響，因此在規劃階段就必須詳實評估正負面的利益與損失。如果不建水庫，那就必須仔細衡量沒有興建水利設施的影響，例如洪水造成的生命財產損失、水源供應不足影響民生、農工業發展等；如果決定興建，也必須整體評估減少環境負面衝擊的措施。

　　未來水庫的規劃，為求維持生態平衡與環境品質，消減生態環境衝擊的措施與開發計畫應一併實施的相關措施有：

　　一、減少水庫造成的物理障礙衝擊：設置合適的魚梯（fish ladder）供溯河性魚類越過水庫。

　　二、減少下游河道流量不足的衝擊：水庫攔蓄上游的水後會導致下游河道缺乏足夠的流量維持水域生態環境，此一衝擊可由水庫排放合理的生態流量來消減。

　　三、減少水庫攔砂的衝擊：水庫蓄水的同時也攔蓄上游沖下來的泥砂，如此不僅會減少水庫的容積，也會造成下游河道及河口海岸的沖蝕，此一衝擊可與水庫的清淤一併規劃。

　　四、減少水庫優養化的衝擊：水庫攔蓄上游帶來的營養物質容易導致水質優養化，可藉由上游集水區營養源的控制與水庫內水的排放來減低水質優養化的情形。

　　五、採用對環境衝擊較少的開發方式：如採用離槽水庫，可以減少流入庫區的泥砂量，對於河流的生態環境影響也較小。

　　六、集水區的保育與管理：流入水庫的泥砂、污染物等都來自上游集水區，以自然條件實施水土保持可以減少對水質的負面影響。

　　七、建立生態環境監測系統：建立監測系統以了解生態環境

品質的變化趨勢，適時採取改進措施以維護生態環境。

大船爬樓梯──航運工程

　　航運雖然有速度慢、受限於水道無法到達任意地方的缺點，但陸路交通在近代的鐵公路系統建立之前並不發達，而且至今航運仍是輸運量大、單價低的運輸方式。受限於天然河川常有的淺灘與砂洲形成的障礙，以及枯水季節常常無法提供足夠的水深，所以必須藉助工程手段才能有便利的航運。一般改善河流通航性能的方法有明渠（open channel）、船閘與壩（lock and dam）及運河（canalization）等三種。

　　明渠法即改善現有的河道使船隻能順利通航，需要的工程措施包括利用蓄水庫調節河川流量，及疏浚與護岸工程等措施維持航道；至於不適合明渠法或坡度較陡的河段，則可建造一系列的壩，使壩所產生一連串的靜水池重疊並增加水深以利航行，船閘則輔助船隻由一池航行至另一池；運河則是在完全不能通航的地方，以人工方式開鑿河道。

　　中國是世界上最早開鑿運河的國家之一，中國河川航運歷經了四個發展時期：

　　一、春秋戰國時代以前是以天然河道航運爲主及運河早期建設時期，此一時期開鑿的運河以邗溝、鴻溝、靈渠最爲有名。

　　二、三國魏晉南北朝時期，初步形成海河與黃河流域、黃河與長江流域、長江與珠江流域互相溝通的內河水運體系，以南北向的白溝、平虜渠、巢肥運河爲代表。

　　三、隋唐及北宋是第二次水運建設的高峰期，是中原水運網

路的完善時期，長安及洛陽是當時政治與文化中心，同時也是水
運的樞紐，此一時期代表性的運河工程有隋煬帝開鑿的永濟渠、
通濟渠等。

　　四、元代和明清是以京杭大運河為代表的水運發展時期，京
杭大運河是在前朝所發展的基礎上，成為溝通海河、黃河、淮
河、長江及錢塘江五大水系的南北交通幹線。

　　圖4-8為船隻通過船閘的示意圖，現代化船閘據著名的英國
漢學家李約瑟的考證，是由中國人所發明的，其雛型始於宋太宗
雍熙元年（984年）時淮南轉運使喬維嶽在大運河長江與淮陰段
間創建雙閘，以懸門之啓閉，使船隻得以順利通航。許多運河都
需利用船閘來克服地形的障礙，例如巴拿馬運河在運河的兩端分
別建有用來升降船隻的三座巨大的船閘，才能使船隻通過高差達
26公尺的運河。

　　中國正在興建的長江三峽大壩，完工後為使船隻能順利通過
大壩，在大壩旁所興建的雙線五級連續梯級船閘，總落差達113
公尺，完工後將是世界落差最大的船閘，另有讓不超過三千噸船
隻使用的垂直升船機，可在三十分鐘內快速升降。

　　台灣地區因受地形影響，河川坡度陡峻，再加上河川水流豐
枯不均，以致無法像大陸型地區有航運之便，但在鐵公路未發達
之前，有些河川仍然有舟楫之便，例如淡水河。淡水河流域周圍
的原住民凱達格蘭族，早在漢人未移居台灣之前，便開始利用
「莽葛」（Banka，又譯「艋舺」，原住民語，意指獨木舟之類的小
船）往來於河流之上。

　　目前最早的文字記錄是一六三二年有西班牙人來台灣勘查，

圖4-8　船閘操作示意圖

(a) 下船閘打開，讓船隻進入船室內

(b) 關閉下船閘，讓船室內的水位上升至與上游航道水位一致

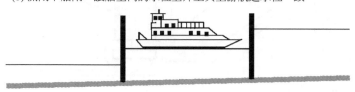

(c) 打開上船閘，讓船隻離開船室進入上游航道

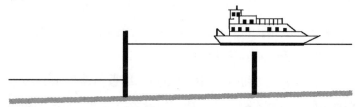

他們發現船可以直接駛入淡水河，並且沿著淡水河的支流基隆河由基隆出海。

　　到了一六八三年清朝統治台灣以後，淡水河出海口附近的滬尾（淡水）、八里坌（八里）成為與大陸對渡的港口。到了乾隆、嘉慶年間，新莊成為淡水河流域新的貨物集散地，從廈門來的大帆船可以直接開到新莊。不過新莊在嘉慶末年因為航道逐漸淤積，所以貨物集散中心的地位漸漸被對岸的艋舺所取代。道光

圖4-9　水力發電原理示意圖

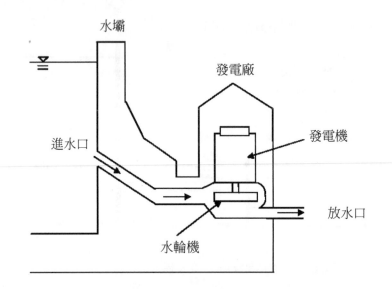

年間以後，艋舺市街已經成爲台灣北部最繁榮的地方，也因此有「一府二鹿三艋舺」的美譽出現。

　　但因淡水河上游的水土保持不良，導致河流的下游嚴重淤積，因此在鐵路及公路交通系統的建設發達以後，水運即漸趨沒落。

水帶電奔流──水力發電

　　水力發電是利用位於高處的水往低處流動時將位能轉換爲動能，利用水流的動能帶動裝設在低處的水輪機而產生機械能，再利用機械能帶動與水輪機連接的發電機以產生電力，其過程如圖4-9所示。因此，水力發電中最重要的兩個因素，一爲電廠所能

利用的水量，另一為作用於水輪機的落差。

　　水力發電廠的設立必須要有相當的流量與落差，所以水力發電開發的方式一般可分為川流式（run of river）、水庫式（storage）及抽蓄式（pumped storage）。川流式水力發電是利用天然河川的流量及坡度，開鑿一引水路以獲取落差的發電方式；水庫式則是利用水庫蓄水以獲取高落差；抽蓄式發電是利用低負載時多餘的電力，將下池的水抽往上池蓄存，以便在尖峰負載時放水發電，各種水力發電開發形式示意圖如圖4-10所示。

　　世界第一座水力發電廠在美國的威斯康辛州於一八八二年開始運轉，裝置容量200千瓦，比美國最早的火力發電廠還早了幾天開始發電。一九一二年，中國的第一座水力發電廠在雲南昆明完工，而台灣的水力發電開始於日據時代，一九○五年日人於台北龜山引新店溪支流南勢溪水源所興建的龜山水力發電廠，是台灣第一座水力發電廠，裝置容量500千瓦。

　　抽蓄式水力發電則肇始於歐洲，最早的抽蓄式水力發電廠一八七九年設於瑞士列登（Letten）電廠，抽蓄式水力發電剛開始的發展僅限於歐洲，後來才逐漸推廣到其他地方，例如日本於一九五二年，美國於一九五五年才裝設抽蓄式水力發電廠，台灣地區則先後於一九八五年及一九九五年在日月潭完成2座抽蓄式水力發電廠。

　　目前全世界最大的水力發電廠座落於巴西與巴拉圭邊界，橫跨巴拉納河（Parana River）的伊太布水壩（Itaipu Dam），裝置容量有1260萬千瓦，但其記錄將被二○○九年完工的長江三峽大壩打破，長江三峽大壩水力發電裝置容量達1820萬千瓦，完工後將

圖4-10　(a)川流式水力發電；(b)水庫式水力發電；(c)抽蓄式水力發電

(a)

(b)

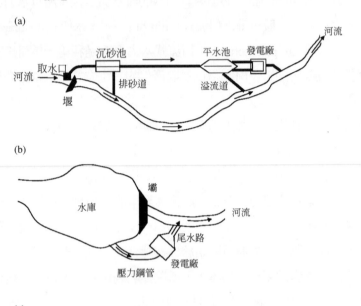

(c)

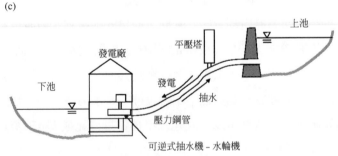

成為全世界最大的水力發電工程。

　　表4-4為全世界水力發電裝置容量前十名的水壩基本資料。至一九九六年為止，全世界的水力發電裝置容量約有6億3千4百

表4-4　全世界水力發電裝置容量前十名的水壩基本資料

壩　　名	國　　家	裝置容量(萬千瓦)	完工年份
伊太布(Itaipu)	巴西/巴拉圭	1260	1983
古里(Guri)	委內瑞拉	1030	1986
薩陽舒申斯克(Gsayano-Shushensk)	俄羅斯	640	1989
大古力(Grand Coulee)	美國	618	1942
克拉斯諾葉斯克(Krasnoyacsk)	俄羅斯	600	1968
柴契(Curch Falls)	加拿大	543	1971
格蘭地(La Grande 2)	加拿大	533	1979
布拉特斯克(Bratsk)	俄羅斯	450	1961
伊寧(Ust-Ilim)	俄羅斯	432	1977
土庫瑞依(Tucurui)	巴西	396	1984

資料來源：National Performance of Dams Program

萬千瓦，水力發電裝置容量最多的前十個國家及其裝置容量如表4-5所示。台灣地區目前水力發電裝置容量約有451萬千瓦。

地底下的水世界——地下水的利用

　　地下水是雨水入滲於地下後貯存於飽和層內的水，由於地層構造不同，有些地區地下水會以泉水的形式湧出，據此推測人類使用地下水的歷史應該相當久遠。圖4-11為地下水含水層（aquifer）示意圖，一般分為限制含水層（confined aquifer）及非限制含水層（unconfined aquifer）。至於何時以人為方式鑿井汲取地下水則甚難考據，舊約《聖經》〈創世記〉第十六章曾提到在荒野中有地下水[1]，在第二十六章又提到鑿井的事情[2]，據此判斷，地下水的利用應該有幾千年的歷史了。

　　中國許多古籍也有記載關於利用井的事實，例如晉代皇甫謐

表 4-5　全世界水力發電裝置容量前十名的國家

國　　　家	裝置容量(百萬千瓦)
美　　國	74.86
加　拿　大	64.77
中　　國	52.18
巴　　西	51.10
蘇　　聯	39.99
挪　　威	26.00
法　　國	23.10
日　　本	21.17
印　　度	20.58
瑞　　典	16.45

資料來源：Gleick, P.

圖 4-11　地下水含水層示意圖

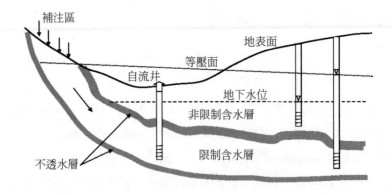

圖4-12 坎兒井工程布置示意圖

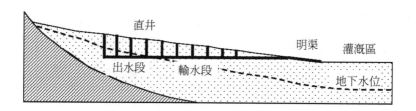

所著《帝王世紀》中描述帝堯時候，「天下大和，百姓無事，……，日出而作，日入而息，鑿井而飲，帝何力於我哉，……」，另外元朝王禎所著《農書》中亦提到：「……《周書》云黃帝穿井，又《世本》云伯益作井，堯民鑿井而飲，……。」顯見中國利用地下水的歷史也應該有數千年之久。據考證在戰國時期已經有專門用於灌溉的水井，而一九七三年在浙江餘姚縣所發現的「河姆渡遺址」，有一口井距今約七千年前，為目前發現最古老的一口井。

除了井之外，尚有一項利用地下水的工程值得一提，那就是坎兒井，相傳為亞述帝國國王薩爾恭二世所發明的，圖4-12即為坎兒井工程布置示意圖。

在乾燥地區利用這種方法輸送水可以避免水源的蒸發及被污染，大陸新疆地區因降雨量稀少，灌溉亦多倚賴坎兒井。由於坎兒井的工程較大且費工，具估計新疆吐魯番盆地在一八四四年時僅有30多條，後來林則徐奉命興辦南疆水利時即大力提倡和推廣坎兒井，一年之後即增加到100多條。一八八〇年前後，左宗棠經營新疆時，修建的坎兒井更多，並擴展到其他地區。距最近統

計，僅吐魯番盆地一地即有坎兒井1100多條，總長度超過3000公里，可灌溉當地百分之七十以上的農田面積。

台灣地區地下水的利用也很普遍，最早於何時何地開始鑿井取水已不可考，但從荷人據台時的紅毛井、明鄭時期的公爺井、承天井等，可知當時對地下水已有小規模的開發。至於以西方技術進行大量開發地下水則在日人據台以後。

日人據台初期，聘請英人巴爾頓來台協助建設自來水設施，其曾規劃開發台北盆地的地下水，之後曾在台南、嘉義、雲林等地鑿井開發，惟成效不大。

台灣地區地下水之現代化鑿井開始於一九五○年以後，台糖公司為了甘蔗生產的需要，委託美國工程公司開鑿深井百餘口以抽取地下水供應種植甘蔗所需。

台灣地區地下水開發利用初期（1958年），每年約抽取地下水9億5千萬立方公尺，之後逐年增加，到了一九七一年已經達到27億立方公尺，一九九○年更超過60億立方公尺，雖然近年來因為地下水管制成效不錯，但每年地下水抽取量仍然超過平均天然補注量40億立方公尺甚多。

除台北盆地及東部地區外，其他各區域都有超用地下水的現象，尤其以沿海地區最為嚴重。地下水超抽所造成的地層下陷面積，已經達到台灣地區平地總面積的百分之十左右。

海水鹹鹹──海水淡化工程

地球上有百分之九十六‧五為海水，由於含鹽量太高以致無法直接作為飲用水、灌溉或其他工商業之用，但如果能將海水中

的鹽分去除，則海水會是個非常豐富的資源。

　　淡化（desalination）是一種水處理技術，能將水中的鹽分及其他物質去除使成為淡水（freshwater water），其實水文循環中的蒸發過程就是天然的淡化過程，太陽的能量將海水蒸發，因為溶解於海水中的鹽及其他礦物質不會被蒸發，因此所能蒸發的只有水分，水分蒸發上升後因溫度下降而凝結，在合適的條件之下就會以雨或雪的形式落到地面，這就是淡化後的海水。

　　將海水中的鹽分去除使成為淡水的觀念早在遠古時期就有了，距今約二千四百年前的亞里斯多德就曾提到「鹽水蒸發後所凝結成的水，並不會再變回鹽水」，這就是海水淡化的基本觀念。

　　一八五二年，有一位英國人發明將鹹水轉換為淡水的淡化機器，荷屬安第列斯群島（Netherlands Antilles）的古拉索島（Curacao）是第一個設置海水淡化廠的地方，在一九二八年設廠後即開始營運，而第一座大型海水淡化廠於一九三八年則設置在沙烏地阿拉伯。

　　第二次世界大戰期間，在水源不足的地區因為軍事上的需求而使得各國政府大量投入研發淡化的技術，一九六〇年代開始美國國會也撥款支援研發淡化技術。據統計，至一九九七年全球淡化廠產量已達每日 2274 萬噸，其中以中東及北美地區占最多比例，沙烏地阿拉伯日產 705 萬噸位居世界第一，美國日產 355 萬噸位居其次。

　　歷經數十年的研發，目前海水淡化的技術主要以蒸餾法及薄膜法為主。蒸餾法又分為多級閃化法（Multi-stage Flash, MSF）、

多效蒸餾法（Multi-effect Distillation, MED）及蒸汽壓縮法（Vapor Compression, VC）；而薄膜法則以逆滲透法（Reverse Osmosis, RO）為主。各種淡化方法的原理簡述如下。

一、多級閃化法：利用蒸餾的原理，在液體達到沸點時將溶液中的水轉變為水蒸氣，而與溶解於溶液中的鹽分分離，閃化是以減壓方式來降低沸點，產生蒸氣，再冷卻即可製成淡水。

二、多效蒸餾法：利用高壓蒸汽與海水的溫差進行熱交換後，將受熱沸騰而蒸發的水冷卻並收集而成。

三、蒸汽壓縮法：將蒸氣壓縮以提高壓力與溫度，作為蒸發海水的熱源，由於壓縮蒸氣在蒸發束管中冷凝將釋放出潛熱，用以加熱海水可以得到更多的蒸氣。

四、逆滲透法：利用半透膜只能讓水通過而鹽分及其他物質無法通過的特性，將淡水自鹽水中分離出來。

目前全世界的淡化廠以採用多級閃化法的比例最高，約有百分之五十二，其次為占百分之四十的逆滲透法。台灣地區目前所設置的海水淡化廠如表4-6所示，除少部分為電廠工業用水之外，大部分都為生活用水且都位於離島，主要原因為離島地區水資源開發困難，為穩定民生用水量而採用海水淡化形式。由於離島地區海水淡化廠的開發規模較小，以致營運成本居高不下。

台灣本島目前尚無以海水淡化的方法供應生活用水。未來如果在開發規模及廉價能源的取得等相關問題能克服的話，海水淡化將會是一種具有競爭力的水源開發方式。台灣本島為滿足未來工業用水的成長，在其他水源開發方式較困難的情況下，目前正規劃在新竹及台南各設置1座日產3萬噸的海水淡化廠。

表4-6 台灣地區現有海水淡化廠概況

縣市別	廠 名	淡化水產量 (噸/日)	用水標的	完工時間	營運單位
澎湖縣	成功海淡廠	2,500	生活用水	1998	自來水公司
	虎井嶼海淡廠	200	生活用水	試車中	自來水公司
	桶盤嶼海淡廠	100	生活用水	試車中	自來水公司
	馬公海淡廠	7,000	生活用水	2000	自來水公司
	望安島海淡廠	400	生活用水	試車中	自來水公司
	尖山海淡廠	600	工業用水	2000	台灣電力公司
金門縣	金門海淡廠	2,000	生活用水	試車中	金門縣政府
	塔山海淡廠	600	工業用水	施工中	台灣電力公司
連江縣	南竿海淡廠	1,000	生活用水	2001	連江縣政府
	西莒海淡廠	500	生活用水	試車中	連江縣政府
	北竿海淡廠	500	生活用水	試車中	連江縣政府
	東引海淡廠	500	生活用水	試車中	連江縣政府
屏東縣	核三廠海淡廠	2,400	工業用水	1989	台灣電力公司

資料來源：經濟部水利署（至2002年）

人定勝天──現代工程奇蹟

近幾十年來工程技術進步神速，各項水利工程的規模及影響範圍也逐漸增大，底下介紹幾個世界上著名的水利工程。

■巴拿馬運河

巴拿馬運河位於中美洲巴拿馬共和國中部的巴拿馬地峽，一八八二年由建造蘇伊士運河的法國企業家德賴席（Ferdinand de Lesseps）在法國政府的支持下開挖運河，之後由於瘧疾等疾病使得近20000名工人喪生被迫終止。美國於一九○四年接手，克服

疾病的困擾及修改工程計畫後，連結太平洋與大西洋的巴拿馬運河，終於在一九一四年八月十五日開通。

巴拿馬運河全長逾81公里，屬於船閘式運河，由於運河有近一半的航程是利用巴拿馬地峽上的加通湖（Gatun Lake），而加通湖水面高出海平面近26公尺，所以進入運河的船隻，必須升高近26公尺，而在另一端則必須下降近26公尺才能駛離運河，因此運河兩端分別建有用來升降船隻的3座巨大的船閘。巴拿馬運河使輪船可以從加勒比海直接到達太平洋，不必繞道南美洲，航程縮短約5000至14000公里，具有重要的經濟及戰略意義。（一九九九年年底，美國將運河管轄權歸還巴拿馬共和國。）

■荷蘭北海防洪工程（Netherlands North Sea Protection Works）

「上帝造海，荷人造陸」，由於荷蘭的土地有近四分之一低於海平面，長久以來，荷蘭人都在跟不斷進逼的海洋搏鬥。大約在一千年前，荷蘭人即會利用風車排水，並修築堤防抵抗潮水。

荷蘭沿海的須德海（Zuide Zee）的大片潮汐區，及西南部由萊茵河與謬西河（Meuse）所形成的三角洲地區，是最容易遭受損害的兩個地方。一九二三年開始，荷蘭政府建築海堤封閉須德海以保護北部的省份，海堤工程寬度超過90公尺，高度近8公尺。封閉須德海後除了保留一淡水湖外，排水工程的進行誕生了面積超過2000平方公里的海埔新生地，使成為新興的農耕地。但一九五三年的一場風暴淹沒了荷蘭西南部地區，奪走了近2000人的性命，促使荷蘭政府決心建造全世界規模最大、構造最複雜的「三角洲計畫」防洪工程以保護西南省份。

其最後一階段的工程於一九八六年完工，包括在烏斯特河（Oosterschelde）河口建造長達3公里的防洪堤防，原計畫是興建一座封閉的海堤，但在保育人士的遊說下改成開闊式的海堤，不但保留了河口的漁場，也成為候鳥的重要庇護所。

有人形容北海防洪工程計畫的規模接近中國的萬里長城，其複雜度及科技水準直可媲美登陸月球的程度。

■伊太布水壩（Itaipu Dam）

位於巴西與巴拉圭邊界，橫跨巴拉納河（Parana River）的伊太布水壩是全世界最大的水力發電工程。一九七五年開始動工，一九九一年完工，壩高196公尺，壩寬7760公尺，所造成的人工湖長達170公里，總蓄水量290億立方公尺。發電廠裝置18座發電機組，1260萬千瓦裝置容量所產生的電力，足夠供應巴拉圭全國及巴西三分之一的電力需求。

整個計畫完工時總經費約為180億美元，由於其對這個地區的影響並不只限於經濟層面而已，因此約有1000平方公里的區域被納入保護區，區內的生態環境都受到嚴密的監控。

■長江三峽樞紐工程

唐朝詩人李白的千古絕唱「朝辭白帝彩雲間，千里江陵一日還，兩岸猿聲啼不住，輕舟已過萬重山」，讓人聯想起長江三峽的斷崖天險與急流湍灘。但是憂國憂民的國父孫中山先生在一九一九年所寫的「實業計劃」裡冀望開發長江三峽的水利資源來幫助中國轉弱為強，他寫道「此宜昌以上迄於江源一部分河流，兩

水樂器

水的用途除了以硬梆梆的工程構造物來提供水源、灌溉、發電之外，還有什麼用途呢？信不信由你，水還可以用來作為樂器。

二千年前羅馬時期的維特魯威（Vitruvius, 70-25 BC）所寫的《建築十書》（*De architectura libri decem*）中就有提到「水風琴」的構造。在風琴內置一貯水槽，內有一如倒立漏斗的空氣室，頂部裝有可產生不同音程的溝槽，溝槽上有彈簧連接到鍵盤，因此當彈奏鍵盤時便會帶動滑動的桿前進及後退，藉岐管的助奏可以演奏出不同的曲調。

另外，日本的「水琴窟」（Suikinkutsu）也是另一類的水樂器，相傳水琴窟是江戶時代由庭園設計師所設計，水琴窟常常放置在日本庭園的茶室入口，或是書院門前水手台之下。其原理為在鉢前水門之下開一個小洞，然後埋入瓶子，而洗手的水則會經過小洞形成水滴而落下，落下的水滴則在瓶中造成反響，因為這種聲音類似琴的音調，所以被稱為水琴窟。

位於宜蘭縣的明池森林遊樂區內也有一座水琴窟，讀者可以不用遠渡重洋至日本欣賞，於遊覽北橫公路雲霧飄渺、疊峰翠谷美景的同時，也可聆聽水琴窟剔透清澈的天籟。

岸岩石束江，使窄且深，急流與灘石，沿岸皆是。改良此上游一段，當以水閘堰其水，使舟得以溯流以行，而又可資其水力。」，這是對長江三峽開發的最初構想。

　　一九四四年雖然還在抗戰期間，政府邀請美國水利專家薩凡奇（J. L. Savage）博士抵達三峽考察，在日軍轟炸機的威脅之下，薩凡奇進行了十天的考察後提出「揚子江三峽計畫初步報告」。之後，由於戰亂使得計畫停頓。後來歷經了正反意見雙方

論證數十年後，長江三峽工程終於在一九九二年拍板定案。

　　一九九四年起分三期施工，預定於二○○九年完工的長江三峽樞紐工程，位於中國長江三峽而得名，壩高175公尺，總蓄水量393億立方公尺，發電機組裝置容量1820萬千瓦，另設置船閘及升船機供船隻通行。三峽工程完工後將創下幾項世界第一的記錄，水力發電裝置容量1820萬千瓦將超越原本世界最大的水力發電工程，伊太布水壩的1260萬千瓦；三峽工程混凝土澆築量2643萬立方公尺為世界工程量最大的水利工程；雙線五級連續梯級船閘總落差達113公尺，為世界落差最大的船閘；三峽工程截流流量每秒9010立方公尺，為世界水利工程施工期間流量最大的工程。

　　水資源提供的灌溉水源促進穩定的農業生產、水力發電提供工業生產必要的電力、航運增進貨物的流通、水庫的蓄水區域甚至可提供水上活動等娛樂，因此善用水資源不僅提昇人類的生活品質，促進經濟蓬勃的發展，更使人類文明邁向光明璀璨的境界。

　　只是無法為人力所控制的天災，再加上一些人類的過度開發行為，使得水所造成的災害也不容小覷，底下一章將介紹水的災害。

註釋

　　[1]〈創世記〉第十六章：「……上主的天使在曠野，在通往書珥路上的一個水泉旁邊遇見夏甲……。」

　　[2]〈創世記〉第二十六章：「……亞伯拉罕在世的時候挖了一些

井，可是他死後，非利士人把他所有的井都用土填起來。以撒重新挖掘，仍沿用當初他父親所取的名。以撒的僕人在山谷裡挖了一口井，找到水源⋯⋯。」

參考書目

《千秋功罪話水壩》，潘家錚，牛頓出版公司，2001。

《土木技術》（第41期），〈水庫之生態環境影響〉，王文江、蔡長泰，2001。

《中國之科學與文明（十）》，李約瑟著、陳立夫譯，台灣商務印書館，1977。

《中國文明史第一卷：原始中國（上冊）》，地球出版社，1991。

《中國文明史第二卷：先秦時期（上冊）》，地球出版社，1991。

《中國文明史第三卷：秦漢時期（中冊）》，地球出版社，1991。

《中國文明史第四卷：魏晉南北朝（上冊）》，地球出版社，1991。

《中國文明史第五卷：隋唐五代（上冊）》，地球出版社，1992。

《中國文明史第六卷：宋遼金時期（第一冊）》，地球出版社，1993。

《中國文明史第七卷：元代（上冊）》，地球出版社，1994。

《中國文明史第八卷：明代（上冊）》，地球出版社，1995。

《中國文明史第九卷：清代前期（上冊）》，地球出版社，1995。

《中國古代著名水利工程》，朱學西，台灣商務印書館，1995。

《中國古代農業水利史研究》，黃耀能，六國出版社，1978。

《中國科學技術史綱》，汪建平、聞人軍，復文圖書出版社，1999。

《中國國家地理雜誌》（第26期），〈三峽專輯：水電的聖地〉，2003。

《中國農業工程手冊》，中國農業工程學會，1990。

《中華文化通志科學技術典：水利與交通志》，周魁一、譚徐明，

上海人民出版社，1998。

《水力發電工程》，朱書麟，中國土木水利工程學會，1984。

《水庫資料冊》，經濟部水利處，2000。

《台水二十年專輯》，台灣省自來水公司，1994。

《台灣水之源：台澎金馬水庫堰壩簡介》，經濟部水利處，2001。

《台灣地區水資源史》，〈日據時期之水資源開發利用〉，台灣省文獻委員會，2000。

《台灣地區水資源史》，〈明清時期台灣水資源之開發利用〉，台灣省文獻委員會，2000。

《台灣地區水資源史》，〈總述〉，台灣省文獻委員會，2000。

《台灣的水庫》，黃兆慧，遠足文化公司，2002。

《台灣的古圳道》，王萬邦，遠足文化公司，2003。

《台灣農業史》，吳田泉，自立晚報社，1993。

《巧奪天工：世界偉大建築巡禮》，大地地理公司，2000。

《石門水庫竣工三十週年紀念專輯》，台灣省石門水庫管理局，1994。

《建築十書：維楚菲厄上奧古斯都大帝之奏摺》，林建業譯，洪葉文化公司，1998。

《珍奇世界》，秋雨文化公司，2002。

《科學發展》（第350期），〈水與海水的淡化〉，馬哲儒，2002。

《桃園埤塘：興盛與垂危》，桃園縣立文化中心，1997。

《節約用水季刊》（第29期），〈海水淡化技術發展現況〉，陳效禹，2003。

《環境工程（一）自來水工程》，駱尚廉、楊萬發，茂昌圖書公司，2000。

台北自來水事業處網站，http://www.twd.gov.tw。

台灣省自來水公司網站，http://www.water.gov.tw。

台灣農田水利數位博物館網站，http://www.randdf.com。

台灣電力公司網站，http://www.taipower.com.tw。

河姆渡遺址博物館網站，http://www.hemudusite.com。

淡水河溯源數位博物館網站，http://mars.csie.ntu.edu.tw。

經濟部水利署網站，http://www.wra.gov.tw。

History of Hydrology, Biswas, A. K., North-Holland Publishing Company, 1972。

National Performance of Dams Program, http://npdp.stanford.edu。

Water Resources Handbook, Mays, L. W., McGraw-Hill Inc., 1996。

The Engineering of Large Dams, Thomas, H. H., John Wiley and Sons Inc., 1976。

The World's Water 1998-1999, Gleick, P., Island Press, 1998。

The World's Water 2000-2001, Gleick, P., Island Press, 2000。

Water for People, Water for Life : The United Nations World Water Development Report, UNESCO, 2003。

Water-Resources Engineering (4th Ed.), Linsley, R. K. et al., McGraw-Hill, Inc., 1992。

Dams and Development: A New Framework for Decision Making, World Commission on Dams, 2000。

第**5**章

水的災難

「風調雨順」是人類夢寐以求的生活環境。然而天有不測風雲,「水太多」造成的殘酷無情洪災,「水太少」產生的難忍乾旱煎熬,「水太髒」帶來的觸目驚心污染,充分點出「水能載舟,亦能覆舟」。人類善用水資源創造了光輝燦爛的文明,但是由水引起的災害,卻也蠶食鯨吞了人類辛勤創造出來的成果,甚至影響文明的興衰。

水問題究竟是天災?還是人禍呢?

雨,怎麼落不停!

二〇〇一年十月一日納莉颱風重創北台灣後,《聯合報》的專題報導寫著:「九一七那一天,惡水入侵北台灣。台灣

大水的故事，由八七水災改寫為納莉水難，基隆河畔一段段滅頂，台北都會一區區失守……。你可曾見識插在水上的大樓？………。」

這一天對首善之區的台北，是個難堪且難忘的一天。「怪颱納莉」在台灣北方海面盤桓多日後，九月十六日夾帶著豐沛的水氣南下，滂沱大雨持續下著，基隆河的水位繼續上升著，暴漲河水慢慢逼近台北市。在南湖、大直、成功、濱江及玉成抽水站相繼因淹水停擺無法抽水後，台北市街頭頓時成了水鄉澤國，就連台北市引以為傲的捷運系統，也被洪流占領了。

在重創北台灣之後，納莉颱風轉往南台灣肆虐，總計造成全台94人死亡、10人失蹤、265人受傷、163萬戶斷電、70幾萬戶停水、10萬輛汽車泡水。總計損失逾150億元。

如果讀者還有印象，二○○○年的象神颱風、一九九六年的賀伯颱風、一九八七年的琳恩颱風，以及一九六三年的葛樂禮颱風，都曾對台灣地區造成相當大的生命及財產損失。年紀稍長的人，恐怕對一九五九年發生的「八七水災」更是餘悸猶存、永生難忘。

一九五九年八月七日起，連續三天遍及整個台灣西部的暴雨造成山洪暴發、堤防潰決、洪水漫流，總計667人死亡、408人失蹤、942人受傷、房屋倒塌逾45000間、30萬人無家可歸、堤防沖毀12000多公尺、農田被淹沒近7萬多甲，損失高達35億元以上，約占當時國民所得的百分之十一。

政府為了迅速復原及救濟災民，特別依據憲法動員戡亂時期臨時條款的規定，頒佈「總統緊急處分令」。有人形容八七水災

對台灣地區造成的巨大損失，是光復以來僅次於一九九九年九二一集集大地震的災難。

也許有人會納悶：爲什麼台灣地區近年來水災頻傳？

其實台灣地區自有歷史記錄以來便有颱風及水災的記錄。清朝時期，台灣地區的水災記錄主要出現在方志及奏摺中。但當時缺乏現代的觀測工具，對於過量雨水的描述通常以「大雨如注」、「霖雨滂沱」等來表示，災情的記錄也不甚完整，較常見的僅有沖毀田園數甲、埤圳堤防的損壞等農業及水利設施的損失記錄。

據文獻資料統計，明鄭時期台灣地區水災有三件，清朝自康熙至光緒的二百一十二年間，共發生了162件水災，可見清朝時期台灣地區也是水災頻傳。

日據時期，因爲已經採用西方技術，台灣地區洪水災害的損失記錄較歷代完備，台灣光復以前的颱風災害統計列表5-1，一九一二年至一九四二年間發生的洪水災害統計，也列於表5-1。日本據台五十年期間共有178次颱風侵襲台灣，其中對台灣造成災害記錄的有82次。

台灣光復後，推動水文觀測現代化，廣設雨量站，根據中央氣象局統計，台灣地區自一九四五年至二○○一年期間，侵襲台灣的颱風共有243次。另根據內政部的統計資料顯示，台灣地區自一九五八年至二○○一年期間，總共有152次颱風及35次水災造成災害，歷次災害的人員傷亡及房屋倒塌數目請參閱表5-2。

每年因水災造成的直接損失估計高達142億元。一九九六年

表5-1 台灣地區1945年以前颱風及水災災害傷亡及損失情形

時間	次數	颱風災害				水災災害	
		人員傷亡(人)		房屋倒塌	農田損壞	死亡	農田損壞
		死亡	受傷	(間)	(公頃)	(人)	(公頃)
1898	3	182	98	10,210			
1899	2	0	1	105			
1900	4	44	24	2,598			
1901	3	14	0	790			
1902	6	13	0	273			
1903	5	62	37	9,908			
1904	4	12	6	7,636			
1905	7	36	7	9,547			
1906	2	2	0	562			
1907	2	0	0	0			
1908	2	0	0	0			
1909	4	49	6	1,077			
1910	4	51	11	1,463			
1911	4	740	733	75,643	2,758		35,184
1912	5	261	334	104,767	23,577	56	18,520
1913	8	103	27	4,518		8	16,620
1914	2	143	49	22,902	1,160	12	4,324
1915	3	4	1	235		3	578
1916	4	0	0	0		5	4,390
1917	5	52	28	4,692		7	6,591
1918	4	83	24	4,627	63	3	7,762
1919	3	278	278	85,603		4	8,724
1920	4	142	94	16,469	94	11	778
1921	3	8	41	4,294		1	3,809
1922	6	29	8	1,661			5,382
1923	3	5	8	128			17,282
1924	4	154	87	26,788		84	10,982
1925	7	42	18	3,652	4,043	5	8,284
1926	6	33	15	1,847	83	5	56
1927	3	31	113	20,021			2,281

1928	5	14	15	9,034			5,574
1929	3	37	19	10,242			7,251
1930	3	50	31	6,001		12	3,389
1931	4	9	2	264			12,633
1932	2	150	29	16,145	4,876	14	155
1933	3	0	0	93			5,967
1934	4	39	25	14,255	150,816		173
1935	3	5	39	26,355			72
1936	1	0	0	0			173
1937	1	0	0	0		2	429
1938	3	0	0	0			1,430
1939	6	4	10	716			3,127
1940	0	161	502	55,717	17,411		1,746
1941	5	0	0	0		3	536
1942	2	448	1,277	60,668			
1943	3	299	39	4,164			
1944	3	229	395	100,502			
1945	3	0	0	55			

資料來源：《台灣地區水資源史》

以來損失最慘重的五次颱風分別為一九九六年的賀伯颱風、一九九八年的瑞伯颱風、二〇〇〇年的碧利斯颱風、二〇〇一年的桃芝及納莉颱風，人員傷亡及房屋倒塌情形列於表5-3，其中以賀伯颱風造成330多億元的損失最為慘重。

探究台灣地區為何自古以來容易發生洪水災害，大概可以歸納為底下幾個原因：

一、地形：台灣地區因高聳的中央山脈縱貫南北，最高峰近4000公尺，而海拔在1000公尺以上的面積約占全島面積的百分之三十二，因此造成河川短、坡度陡的河系。

二、地質：台灣地區地質脆弱、斷裂且高度風化，受強度大

表5-2 台灣地區1958年至2001年颱風及水災傷亡及損失情形

時間	颱風災害					水災災害				
	次數	人員傷亡(人)			房屋倒塌(間)	次數	人員傷亡(人)			房屋倒塌(間)
		死亡	失蹤	受傷			死亡	失蹤	受傷	
1958	2	17	15	105	23,547	-	-	-	-	-
1959	5	57	26	636	22,136	1	667	408	942	45,769
1960	4	113	86	441	24,762	-	-	-	-	-
1961	6	182	134	2,055	40,661	-	-	-	-	-
1962	5	105	8	1,648	25,872	-	-	-	-	-
1963	2	232	95	466	25,135	-	-	-	-	-
1964	-	-	-	-	-	1	1	10	7	199
1965	3	82	13	725	14,208	-	-	-	-	-
1966	4	14	16	50	1,442	1	12	8	13	764
1967	4	81	28	287	6,866	1	5	2	3	14
1968	3	53	46	45	2,461	-	-	-	-	-
1969	4	182	45	475	41,057	-	-	-	-	-
1970	1	89	41	47	2,865	-	-	-	-	-
1971	4	61	41	377	14,011	1	2	1	-	3
1972	3	29	13	20	1,786	2	15	-	-	506
1973	2	34	43	86	1,698	-	-	-	-	-
1974	2	47	8	40	342	1	14	3	3	376
1975	2	30	8	187	5,500	1	2	7	-	-
1976	2	4	8	24	956	-	-	-	-	-
1977	2	141	22	363	33,537	1	18	3	1	52
1978	1	4	3	8	6	-	-	-	-	-
1979	4	1	-	1	616	-	-	-	-	-
1980	2	11	2	34	841	1	10	-	2	84
1981	4	39	10	25	675	3	40	7	11	1,481
1982	3	35	13	36	1,271	-	-	-	-	-
1983	-	-	-	-	-	-	-	-	-	-
1984	4	3	6	2	26	1	33	4	6	82
1985	5	9	14	41	41	2	2	4	1	-
1986	4	83	22	464	38,567	-	-	-	-	-
1987	4	65	14	47	1,882	-	-	-	-	-

1988	4	5	5	1	7	3	21	2	6	150
1989	1	32	20	47	1,190	1	17	-	3	114
1990	6	67	16	32	491	2	6	2	9	15
1991	6	6	6	20	214	1	-	2	2	-
1992	3	8	6	15	17	1	-	-	-	-
1993	3	-	-	-	-	1	3	1	1	1
1994	6	56	11	168	887	2	12	-	-	7
1995	4	5	26	14	46	1	2	-	-	-
1996	5	54	22	472	1,384	1	2	-	3	3
1997	3	44	2	124	149	1	3	-	-	2
1998	5	33	14	31	56	1	4	2	-	-
1999	1	1	5	-	1	1	2	1	2	4
2000	6	78	32	178	2,159	2	6	1	6	-
2001	8	225	129	585	2,626	-	-	-	-	-
總計	152	2,417	1,074	10,382	341,992	35	899	468	1,021	49,626

表5-3 1996年以來台灣地區颱風災害損失前五名

颱風	時間	人員傷亡（人）			房屋倒塌（間）			損失金額（億元）
		死亡或失蹤	受傷	總計	全倒	半倒	總計	
賀伯	1996.7	73	473	536	503	880	1383	332.41
桃芝	2001.7	214	188	402	645	1972	2617	180.62
納莉	2001.9	104	265	369				154.38
瑞伯	1998.10	38	27	65	4	26	30	100.81
碧利斯	2000.8	15	110	125	434	1725	2159	85.41

資料來源：《淺析台灣天然災害變動趨勢》

的降雨及水流快速沖刷作用，容易造成嚴重的沖蝕崩塌。

　　三、河川：台灣地區河川坡度陡峻，再加上颱風期間多暴雨，水流迅速致河道經常無法及時宣洩而氾濫。

　　四、雨量：台灣地區因颱風帶來的暴雨，經常在非常短的時間內下了非常大量的雨水而引發洪災，例如一九九六年發生的賀伯颱風，阿里山雨量站七月三十一日測得的日雨量高達 1094.5 公厘，打破該站自一九三三年設站以來的最高記錄，若連同八月一日的雨量 892 公厘，阿里山在兩天之內下了將近 2 公尺（1986.5 公厘）的驚人雨量！

　　五、人為因素：台灣地區地狹人稠，山坡地開發再加上都市化效應，若遇上水土保持不良、河川管理不善等因素，非常容易發生災難。

　　其實不僅僅台灣地區有嚴重的洪災，世界其他地區亦復如此。例如中國自西元前二〇六年至一九四六年的二千一百五十五年期間，各地發生較大的洪水災害便有 1092 次。自一九五〇年至一九九〇年累計因洪災死亡人數，高達 22 萬 5000 多人；每年平均因洪災而死亡的人數約有 5500 人。根據聯合國的資料顯示，一九九〇年至二〇〇一年期間，全世界發生了約 2200 件與水有關的災害，其中半數即為洪災。在一九七三年至一九九七年期間，平均每年約有 6600 萬人遭受洪災威脅。一九九四年以來全世界發生較嚴重的洪災記錄列於表5-4。

　　從大禹治水至今，洪氾不斷，要使洪災不發生幾乎是不可能的事；但如何減少洪災的損失，卻是應該要努力的方向。

　　早在二千五百多年前的春秋戰國時期，著名的宰相管仲在

表5-4　1994年以來全世界主要洪災紀錄

時間	地　　　區	死亡人數	經濟損失（百萬美元）
1994	中國	1,700	>7,800
1995	中國	1,390	100,000
1996	中國	2,700	24,000
1997	緬甸	1,000	-
1997	肯亞、索馬利亞	1,850	2
1998	孟加拉、尼泊爾	4,750	5,020
1999	委內瑞拉	20,000	15,000
2000	莫三鼻給、南非	<1,000	660
2000	印度、尼泊爾	1,550	1,200

資料來源：*Water for People, Water for Life*

《管子》〈度地〉篇中就提到：「……故善為國者，必先除其五害。……。桓公曰：願聞五害之說。管仲對曰：水，一害也。旱，一害也。風霧雹霜，一害也。厲，一害也。蟲，一害也。此謂五害。五害之屬，水最為大。……。」也就是說，要治理好國家就先要去除五種災害，而其中以水災的禍害最大。時至今日，管仲所言仍不失為真知灼見。

　　為精確描述洪水的規模及作為防洪工程設計的標準，「洪水頻率分析」（flood frequency analysis）是水利工程常用的概念，亦即以流量配合其迴歸期（return period）來定義洪水。例如迴歸期為二十年之洪水，代表發生比此洪水量大的洪水事件的復現期為二十年。即平均來說，每二十年會發生一次這樣的洪水，但這並非指固定間隔二十年即會發生如此規模的洪水，而是說發生如此規模的洪水的間距可能為十五年、二十四年、八年、三十三年等不同期間，可能比二十年長，也可能比二十年短，但長期平均而

言為二十年。

換句話說，每年發生此規模洪水的機率為百分之五。以台北地區防洪計畫為例，其採取二百年頻率洪水作為設計保護基準，即每年發生超越保護基準規模洪水的機率僅為千分之五。

防洪措施一般可分為蓄洪、分洪、導洪、束洪及避洪等五種，概述如下：

一、蓄洪：將河川無法容納的洪水，以不同形式的工程措施蓄存於合適的地點，常用的措施包括將洪水導入天然湖泊、滯洪水庫、蓄洪水庫等以蓄存洪水。

二、分洪：疏分洪水使下游河道能容納洪水而不至於發生氾濫，通常利用疏洪道來分洪。

三、導洪：整治河道，導引洪水使之易於排洩，採用的工程措施包括河道加寬、疏濬、截彎取直等。

四、束洪：將洪水束範於河道內，常見的工程措施有堤防及防洪牆。

五、避洪：預留足夠的河道及低地以供洪水流動，即「不與水爭地」，運用的方式包括洪氾區劃定與管制、洪災保險、洪水預警等。

前四種防洪措施是以興建各種硬體工程來達到防洪的目的，即所謂的工程或結構性防洪措施；最後一種則是以管理的手段來減少洪水所帶來的災害，稱之為非工程或非結構性防洪措施。非工程性措施一般包括：

一、洪水預警系統：利用遙測、衛星、雷達等設備偵測即時的颱風動態或暴雨情形，配合洪水演算模式以預測可能的洪峰及

洪水水位，對可能發生淹水的低窪地區事先發出警報，以減少洪水帶來的災害。

二、洪氾區管制：對於不同頻率的洪氾區訂定土地利用與管制辦法，對於洪水經常淹沒的地區採取限建措施，預留滯洪區以減少洪水氾濫的機會及減少因淹水所帶來的損失。

三、簡易臨時性的防洪措施：房屋的門窗設置臨時性隔水版、現有建築物加高、建築物周圍設置圍堤等以防止洪水入侵建築物內造成損失。

四、洪災保險：透過保險的機制以彌補洪水災害的損失。

實際上，並非單獨一種防洪措施就可以達到保護的目的，必須順應河流的特性，整體考量河川治理、土地利用等因素，有時必須組合不同的措施以研擬整體的防洪策略。

台灣地區的防洪工程以堤防工程為主，其他還包括蓄洪、滯洪、疏洪及洪氾區管制等措施。早期的堤防工程多屬於局部保護措施，沿河岸構築堤防或護岸，但分段的治理有時無法達到預期的保護效果，自一九五八年開始以整個流域水系為計畫範圍進行河川整治與防洪規劃，上游實施水土保持工作，下游興建堤防及護岸等設施。

至二○○二年底止，台灣地區總計有堤防近2600公里、護岸840公里。防洪工程均有其設計標準，有其保護限度，並非可以提供無限制的保護，因此工程性措施與非工程性措施應相互搭配，以減少萬一發生洪災時的損失。

大旱望雲霓

詩人彭選賢是這樣描寫「苦旱」的：

水庫早已乾涸見底，
龜裂的傷口，
隱隱作痛，
溪流只剩下光禿的岩石，
河床堆滿垃圾，
漁塭變陸地，
農田成沙洲，
預約的雨季，
接連跳票，
無從兌現。
……

詩人筆下的乾旱除了寫實的描述外，還多了點籲天的莫可奈何惆悵。

二〇〇二年春夏期間北台灣的旱象大家應該是記憶猶新。新聞媒體鎮日報導著水庫水位又降低了多少，政府官員呼籲再呼籲的節約用水，連自二〇〇〇年公佈實施的「災害防救法」，也首次成立「旱災中央災害應變中心」，以統籌調度各地的水資源，強制各地區實施不同階段的限水措施，並減少農田的供水甚至以補助獎勵休耕。

表5-5　近四十年來全世界主要旱災紀錄

時　　間	地　　區	死亡人數	經濟損失（百萬美元）
1965-1967	印度	1,500,000	100
1972-1975	非洲	250,000	500
1976	英國	-	1,000
1979-1980	加拿大	-	3,000
1988	美國	-	13,000
1988	中國	1,440	-
1989-1990	安哥拉	10,000	-
1989	法國	-	1,600
1990	希臘	-	1,300
1990	南斯拉夫	-	1,000
1992	非洲	-	1,000
1998	美國	130	4,275
1999	伊朗	-	3,300
1999	模里西斯	-	175
1999	美國	214	1,000

資料來源：*Water for People, Water for Life*

　　乾旱是影響最深遠的自然災害，根據資料顯示，單從一九九一年至二○○○年的十年期間，全世界因旱災而死亡的人數達28萬人，損失數千萬美元。例如一九九一年至一九九二年期間，非洲撒哈拉沙漠南部地區遭受該世紀最嚴重的旱災，受影響的區域廣達670萬平方公里，有1億1000萬人口受到影響。表5-5所列為近四十年來世界各地主要的旱災記錄。

　　中國歷代對於旱災的發生也都有所記錄，有學者依據《古今圖書集成‧曆象彙編‧庶徵典》中有關氣象的記錄，編成中國歷史上的旱災記錄，自成湯至明朝末年三千四百餘年期間，中國各

表5-6　台灣地區各農田水利會曾經發生乾旱發生的年份

農田水利會	曾經發生乾旱的年份	最容易發生乾旱的月份
宜蘭	1964,1978,1983,1991,1993	7-8
北基	1964,1976,1977,1978,1980,1984,1991,1993	7-9
桃園	1984,1994	6-9
石門	1973,1977,1980,1983,1984,1993,1994	10-11
新竹	1979,1989	6-8
苗栗	1979,1982,1983,1993,1994	5-6, 10-11
台中	1953,1963,1964,1977,1993	-
南投	1955,1977,1979,1980	2-3, 9-10
彰化	1962,1973,1980,1981,1992,1993	2-4
雲林	1977,1980	2-4
嘉南	1980,1988,1991,1993	8-10
高雄	1970,1977,1980,1984,1987,1991,1994	2-4
屏東	1962,1963,1964,1980,1982,1983,1984,1991	1-4
台東	1977,1980,1984	3-5
花蓮	1977	3-5

資料來源：《乾旱指標之建立：中部及南部區域》

　　地總計發生了900多次旱災，平均不到四年就發生了一次旱災。台灣地區地狹人稠，農業用水占總用水量的比例最高，而乾旱期間水源不足時常會調度農業用水以救急，因此農業乾旱經常發生。表5-6為台灣地區各農田水利會過去曾經發生乾旱的年份及最容易發生乾旱的月份，而表5-7則為台灣地區近十年來所發生旱災的農業損失金額。

　　石門水庫為台灣北部地區首座大型多目標水庫，從一九六四年完工營運至今，在歷年乾旱期間也曾因水位降至嚴重下限以

表 5-7　台灣地區近十年來旱災農業損失

時間	損失金額（億元）
1991	18.2
1993	0.8
1996	6.0
1998	1.0
2002	3.4

資料來源：行政院農業委員會

表 5-8　石門水庫歷年乾旱情形

發生乾旱時期	水庫最低水位（公尺）	水庫剩餘有效容量（萬立方公尺）
1967 年 7 月 28 日至 10 月 18 日	199.47	1,277
1972 年 4 月 16 日至 5 月 29 日	195.83	192
1973 年 6 月 26 日至 8 月 19 日	195.97	224
1977 年 3 月 24 日至 6 月 8 日	201.72	1,444
1980 年 8 月 5 日至 8 月 28 日	199.96	988
1983 年 8 月 1 日至 1984 年 4 月 10 日	197.33	467
1991 年 3 月 18 日至 5 月 1 日	207.09	2,935
1993 年 9 月 29 日至 1994 年 3 月 10 日	195.16	30
2002 年 3 月 11 日至 7 月 5 日	197.76	488

說明：呆水位 195 公尺；滿水位 245 公尺時有效蓄水量 2 億 3575 萬立方公尺。

資料來源：《石門水庫竣工三十週年紀念專輯》

下，而不得不採取限水等相關因應措施，表 5-8 為石門水庫歷年乾旱的情形。

　　乾旱究竟是什麼？為何會頻頻發生造成嚴重的損失？

　　乾旱（drought）與乾季（dry season）、乾燥（aridity）不同，

因為季節性因素的影響，使得每年都會有一段降雨量較少的時期稱為乾季，例如台灣地區每年十一月至翌年四月間的降雨量只有年平均降雨量的百分之二十二，此段時期之降雨量偏少是長久以來形成的固定氣候型態，不能視為乾旱。而像撒哈拉沙漠因終年高溫且降雨量稀少而致草木不生、人煙稀少，此亦不屬於乾旱，此種長期穩定的氣候型態歸類於乾燥氣候。

那乾旱是什麼？乾旱是短暫偏離常態氣象的變化，因此乾旱不僅會發生於少雨的乾燥地區，潮濕多雨的地區一樣會發生乾旱。乾旱與乾燥的差別就在於：乾燥是長期穩定雨量偏少的氣候型態，而乾旱是短時間的少雨暫時現象，乾旱結束後又會回到正常狀態。乾旱是雨量下的比平常時期少的現象，連帶著所引起的河川流量偏少、湖泊及地下水位降低、土壤含水量減少等都是乾旱現象。

乾旱影響的層面非常廣泛，輕微的乾旱可能還不致造成經濟上的損失，但時間較長且涵蓋地區廣大的乾旱則可能為害甚大，輕則限水造成生活上的不便，重則可能因農畜產物欠收而引發飢荒、或工商業缺水造成經濟發展遲滯等。乾旱所引起的缺水現象不僅會影響到人類社會的經濟層面，對生態環境方面一樣會有影響，例如乾旱會使得水域環境惡化，可能就會影響到動植物的棲息地而使物種滅絕。天乾物燥也容易引起森林火災，而空氣及水質的惡化也會導致生活品質的降低等。

另外，乾旱的影響是跨越國界的，不是因為乾旱發生的範圍廣大包括數個國家，而是因為乾旱所引起的社會、經濟、環境方面直接及間接影響未發生乾旱的國家。例如某個國家發生乾旱而

致農作物歉收，仰賴這個國家進口糧食的其他國家，自然也會發生糧食問題了。

　　乾旱肇因於降雨量不足，是自然的現象，而旱災是指因降雨量、河川流量、地下水、水庫蓄水等水量減少時，因缺水對生物、環境、社會、民生及產業造成直接與間接影響所帶來的損失，屬於社會經濟問題。台灣地區雖然降雨量豐沛，但地狹人稠，用水量亦多，因此旱災雖非頻傳，但每隔幾年總會降臨台灣一次，帶來限水、停水所造成生活上的不便，與農、工、商業的巨額經濟損失。

　　探究台灣地區發生旱災的原因可歸納為：

　　一、年降雨量變化大：台灣地區自一九四九年至二○○一年的年平均降雨量為2483公厘，但年際間降雨量的變化非常大，例如一九九八年的年降雨量高達3322公厘，為五十多年來雨下的最多的一年，比平均年降雨量多了百分之三十四。而雨量最少的一年發生於一九八○年，年降雨量僅有1605公厘，比平均年降雨量少了百分之三十五。這兩年的年降雨量相差了逾二倍。年降雨量變化大的降雨型態，並不利於穩定水源的供應。

　　二、豐枯季節降雨懸殊：台灣地區年降雨量雖然豐沛，但季節性差別甚大，約有百分之七十八的年雨量集中於五月至十月間，由於用水量在各月份間的差異不似降雨般懸殊，因此豐枯不均的降雨不利於用水，必須利用蓄水設施蓄豐濟枯來調節供水。假如蓄水設施不足，稍遇乾旱，就很容易產生水源供應不足的現象。

　　三、蓄水設施調蓄容量不足：台灣地區自一九八三年至一九

九九年的年平均用水量為182億立方公尺，其中只有40億立方公尺的用水由水庫供應，約占百分之二十二，其餘由河川及地下水供應，由於水庫可以蓄豐濟枯提供穩定的水源，但所占供水比例並不高，因此只要稍遇乾旱即不容易調配供水。而直接由河川及地下水供應的部分比例甚高，此部分易受乾旱的影響，在乾旱期間供水量較不穩定。

四、用水結構改變：台灣地區早期的農業社會變遷為工商業社會，用水結構也跟著改變，因此生活及工業用水量也逐年增加，從一九七六年占全台灣用水量的百分之十一，增加到二○○一年的百分之三十，由於生活及工業用水對缺水的容忍度較低，因此只要稍遇乾旱，若蓄水量不足即容易發生缺水。

解決缺水問題的措施需要經過仔細評估了解施行後的成效。有學者在回顧了台灣地區過去發生的乾旱事件之後，建議未來應採取下列的相關措施以增加水源的供應及降低發生缺水的機會：

(1)加速水資源開發、增建水庫，以增加水源的供應；

(2)改進現有水庫操作方式，提高水資源使用效率；

(3)豐水時利用餘水進行地下水補注，俾於乾旱時予以適量抽取救旱；

(4)減少水庫淤積量，延長水庫使用年限；

(5)維修輸水設備，減低輸水損失；

(6)教育國民，建立平時節約用水之觀念；

(7)調整水價結構，一方面抑止浪費，一方面反應成本；

(8)加強乾旱之預測技術，俾能儘早採取防旱行動；

(9)在乾旱發生時採取適當行動，例如節約用水（限水）、用

水調配及實施人造雨等。

　　另外對於旱災的風險管理方面，包括旱災發生後的救災措施等等，在二○○二年北台灣的旱象過後，也有建議應該儘速朝下列方向努力以提昇水資源利用效率及減少萬一發生缺水時的損失：

(1)檢討旱災防救業務計畫，建立旱災預警報系統；

(2)訂定台灣地區整體可用水資源調度方案；

(3)自來水管線汰換工程應加速進行；

(4)農業用水移用與補償應建立明確的制度；

(5)訂定分年達成目標落實執行節約用水；

(6)強化國土保安及健全水循環利用。

　　抗旱的措施不外乎「開源」與「節流」，開源需要專業的水利知識及詳細的評估過程，但節流卻是每個人都可以做得到的，個人的節水措施無須高深的學識，只需要身體力行，有些看似不起眼的小動作，舉手之勞即可節省水源，例如：

●隨手關緊水龍頭；

●收集除濕機的排放水並予以回收再利用；

●洗菜水等可用來洗車、擦洗地板或沖馬桶；

●定期檢查水塔或其他水管接頭有無漏水情形。

　　每個人所能節省的水量也許不多，但累積全國人口的節水量就是一個可觀的數字了。其他農業及工業製程的節水就需要較專業方面的知識，例如農業節水的措施就必須考慮作物的種類、生長習性、種植方式等以選擇最佳的節水方式。台灣地區較常用的灌溉節水技術有：

　　一、輪流灌溉：根據用水計畫，在適當時間以適當的水量按照順序供水的灌溉方式，爲間歇灌溉法的一種；

　　二、噴灑灌溉：利用壓力將灌溉水如降雨般在空中向地面散佈，使作物獲得灌溉水；

　　三、滴水灌溉：由低壓導水管輸水至田間，由排列配水支管，以無壓力慢速狀態自支管的滴管流出；

　　四、地下管路灌溉：在生長中的作物根群，直接在地表下以管路供應水分；

　　五、輸水渠道防漏：台灣地區多以內面工改善措施爲主，可防止滲漏，節約用水。

　　節約用水不單純是節省用水而已，其實廣義的節約用水是「更有效率地使用水資源」，由於近年來新的水資源計畫執行不易，除了獎勵節約用水之外，替代水資源的開發就成了熱門的議題，例如雨水貯留供水系統的設置，以建築物的屋頂設置集水系統，收集、貯蓄雨水以供利用。

　　例如台北木柵動物園在園區設置了15座「雨撲滿」──容量200公升的小型雨水利用設施；利用園區內廁所及休憩涼亭的屋頂等小型集水面積，將雨水收集至雨撲滿內作爲澆灌，就是一個很成功的例子。

這是我們喝的水嗎？

　　有一首童謠是這麼唱的：「我家門前有小河，後面有山坡，山坡上面野花多，野花紅似火，小河裡，有白鵝，鵝兒戲綠波，戲弄綠波鵝兒快樂，昂頭唱清歌。」

目前這種情景似乎不多見了，河川水質的污染使得許多河川成為所謂的「黑龍江」，原本清澈見底的溪流被混濁不堪的髒水取代，河上不見可愛的白鵝，只有漂浮的垃圾。根據行政院環境保護署監測台灣地區 2900 公里的河川長度中，二〇〇二年時仍有百分之十四的河川長度屬於嚴重污染、百分之十二屬於中度污染、百分之十二屬於輕度污染、百分之六十二屬於未受污染。造成河川水質污染的來源包括：

一、天然污染：包括降雨沖刷土壤、地下水溶解地層中的礦物質等。

二、農業污染：農業所使用的化學肥料、殺蟲劑、除草劑等，若未被植物吸收而隨排水排入河川而致污染河川；另外，畜牧業所產生的動物排泄物若未經處理即排入河川，一樣會污染河川水質。

三、礦業污染：採礦時選礦、洗礦用後的水，因含有高量的金屬物質，若未經適當處理即排放，也會造成河川水質的污染。

四、都市污染：家庭的廚房、浴廁用水，若未經下水道系統送至污水廠處理，即排放至河川，也是造成河川污染的重要因素。

五、工業污染：工業廢水包括製造過程廢水、洗滌污水等，應該經過適當的處理，達到河川放流標準才能排放。

河川水質污染的損害，從公共衛生的影響開始。未經處理的污水排入河川中，而飲用水又從河川取用的話，疾病很容易藉由飲水的管道傳播出去，早期的傷寒與痢疾都起因於沒有乾淨的飲用水。飲用水質改善之後，因水源不乾淨感染疾病導致的死亡人

數即大幅降低。

其次，污染的水質也會影響水中生物的生存，景觀也會因此而惡化。污染水質的污染物可分為八類：

(1)生活污染水與其他耗氧廢物；

(2)傳染病菌與病毒；

(3)植物營養劑，主要為氮與磷；

(4)有機化學合成物，例如殺蟲劑等；

(5)工業及礦業產生的礦物質與化學物質；

(6)土地侵蝕的沉澱物；

(7)放射性物質；

(8)熱污染。

這些污染物進入水體後，會讓水域環境中的溶氧量降低、優養化，造成水域生態系統的危害。

大約在西元前三千七百五十年前，印度的尼普爾（Nippur）便修建了拱形下水道；西元前二千六百年前在巴格達附近的阿斯馬爾（Asmar）城的一條街上，便已經有了下水道；西元前六百年羅馬市建造了巨大的地下排水管道，用於排除廣場與街道的雨水或污染物，此一古老巨大的水道工程仍保留至今。

中國最古老的給水管路在西元前二千多年前的淮陽地區就有了，秦始皇興建的阿房宮內也有下水道。然而，人類在遠古時期便已知道要興建下水道排除污水，但一直到十九世紀都沒有太大的進展。

幾世紀以來，人口不斷成長、都市持續擴展、工商業也日益發達，使得污染物越來越多、且任意排放，都市鄰近水域的環境

衛生日益惡化，疾病叢生。十四世紀的瘟疫及十九世紀的霍亂便奪去了歐洲上千萬人的生命，也使得各國政府開始重視下水道的興建。倫敦、漢堡、巴黎等都市相繼於十九世紀開始興建下水道，美國芝加哥也於一八五六年完成第一個下水道系統。

下水道下游排放口的水域經常受到污水排放的污染，因此在排放前須對污水進行處理。最古老的處理方式是利用污水灌溉農田，後因都市不斷擴張，使得污水灌溉區也被用於都市建設而消失。

最初的人工處理方式是採用格柵截流、自然沉澱或化學沉澱處理除去漂浮、懸浮與沉澱物質，稱為一級處理。二十世紀初，發展了生物濾池、活性污泥法等生物處理方式，稱為二級處理。二十世紀七〇年代開始，則開始發展污水三級處理或高級處理。

台灣地區下水道的發展開始於清朝劉銘傳擔任巡撫的時候，日據時期則聘請英人巴爾頓來台從事台北下水道的規劃調查。早期的下水道都是兼排雨水及污水，一九五七年配合中興新村的建設，完成第一個具有污水處理廠的下水道系統，台北市則於一九七〇年才完成下水道及污水處理廠。

根據內政部營建署的統計資料顯示，至二〇〇三年六月底止，台灣地區公共污水下水道普及率僅有百分之十·七，以台北市百分之六十三·七最高，高雄市百分之二十七·八次之，台灣省部分僅有百分之一·五，甚至有許多縣市目前公共污水下水道的接管率仍為0，顯示台灣地區的下水道建設仍須加強，才能維護良好的清潔環境。

在都市下水道與污水處理廠興建的同時，都市給水淨化以防

止疾病傳染亦受到重視。一八〇四年，蘇格蘭的佩斯利（Paisley）完成了世界第一座供全鎮使用的慢砂濾池水廠。鋁鹽混凝沉澱最早於一八八一年用於英國波爾頓市的給水處理廠中，從一八八五年以後，「混凝沉澱—快砂濾池過濾處理系統」才廣泛用於都市給水處理。美國於一九〇八年開始附加氯化物消毒，一九一一年起開始用氯來消毒。

　　台灣地區歷年河川水質檢測情形如表5-9所示，未受污染河川長度僅約有六成左右，其餘近百分之四十的河川長度都遭受到

表5-9　台灣地區歷年重要河川污染情形

時間	未受污染(%)	輕度污染(%)	中度污染(%)	嚴重污染(%)
1987	70.87	6.41	11.33	11.38
1988	67.51	9.89	11.57	11.03
1989	68.33	6.84	12.84	11.99
1990	66.91	7.98	14.83	10.28
1991	67.49	8.15	11.66	12.71
1992	61.38	12.55	15.69	10.38
1993	61.12	13.90	12.07	12.91
1994	63.30	12.31	11.12	13.27
1995	64.16	11.52	10.89	13.43
1996	62.37	10.39	12.32	14.93
1997	64.44	10.10	13.46	12.00
1998	64.34	9.28	15.08	11.30
1999	66.22	7.59	14.19	11.99
2000	63.57	12.03	12.30	12.09
2001	61.65	9.80	15.38	13.16
2002	62.41	12.04	11.55	14.00

資料來源：行政院環境保護署

表5-10 2002年台灣地區中央管河川污染情形

河川	未受污染(%)	輕度污染(%)	中度污染(%)	嚴重污染(%)
淡水河	62.83	4.13	11.67	21.37
蘭陽溪	65.80	17.10	17.10	-
鳳山溪	87.08	3.60	9.32	-
頭前溪	100.00	-	-	-
中港溪	77.26	3.14	5.82	13.77
後龍溪	6.75	78.30	5.72	9.22
大安溪	100.00	-	-	-
大甲溪	91.44	8.56	-	-
烏溪	76.41	16.01	7.58	-
濁水溪	91.07	8.93	-	-
北港溪	-	-	16.91	83.09
朴子溪	41.84	1.82	12.91	43.43
八掌溪	35.24	9.90	27.39	27.47
急水溪	-	-	34.33	65.67
曾文溪	81.59	6.28	12.13	-
鹽水溪	28.39	1.51	1.51	68.58
二仁溪	-	-	-	100.00
高屏溪	-	68.26	31.74	-
東港溪	47.48	6.75	20.18	25.59
四重溪	100.00	-	-	-
卑南溪	100.00	-	-	-
秀姑巒溪	100.00	-	-	-
花蓮溪	41.80	58.20	-	-
和平溪	100.00	-	-	-

資料來源：行政院環境保護署

不同程度的污染。以二〇〇二年為例，台灣地區中央管河川的水質狀況如表5-10所示，其中以二仁溪的水質狀況最差，全河段都屬於嚴重污染，其次為北港溪（全河段均屬中度污染以上，嚴重污染河段占百分之八十三）、鹽水溪（嚴重污染河段占百分之六十九）、急水溪（全河段均屬中度污染以上，嚴重污染河段占百分之六十六）；水質較佳的河川有頭前溪、大安溪、四重溪、卑南溪、秀姑巒溪及和平溪，其全河段都屬於未受污染。

「興水之利，除水之弊」是水利工程師的職責，許多的理論經由工程師的巧思，轉化為提昇人類生活品質及促進經濟發展的工程措施；然而也有因為人類的貪婪，而成為戰爭的工具或是衝突的根源。底下一章將介紹古今中外發生在世界各地因為水而引發的衝突，及以水為武器的歷史事件。

參考書目

《土木水利》（第18卷、第4期），〈台灣地區乾旱問題之回顧與前瞻〉，郭振泰、林國峰，1992。

《土木技術》（第41期），〈替代水資源〉，李士畦，2001。

《中國歷史上氣候之變遷》，劉昭民，台灣商務印書店，1994。

《中國歷史大洪水》，胡明思、駱承政，中國書店，1992。

《中華民國九十年台灣水文年報》，經濟部水利署，2003。

《今日水世界》，劉昌明、傅國斌，牛頓出版公司，2001。

《水污染防治》，高肇藩、張祖恩，中國土木水利工程學會，1991。

《水污染控治工程》，王寶貞，科技圖書公司，1994。

《水利五十年》，台灣省政府水利處，1997。

《水的神話》，彭選賢，台中縣立文化中心編印，1994。

《水資源管理》（第4卷、第3期），〈乾旱之後的省思〉，郭瑤琪，2002。

《台灣地區水資源史》，〈明清時期台灣水資源之開發利用〉，台灣省文獻委員會，2000。

《台灣地區水資源史》，〈光復至民國六十五年之水資源開發利用狀況〉，台灣省文獻委員會，2001。

《台灣地區水資源史》，〈日據時期之水資源開發利用〉，台灣省文獻委員會，2000。

《台灣歷史上的八七水災》，戴寶村，台灣歷史學會，2001。

《石門水庫竣工三十週年紀念專輯》，台灣省石門水庫管理局，1994。

《光緒初年華北的大旱災》，何漢威，香港中文大學出版社，1981。

《治河防洪與海岸防護》，許時雄，科技圖書公司，2001。

《科學發展》（第366期），〈台灣豪雨洪水的古往今來〉，蔡長泰，2003。

《氣象學報》（第9卷、第3-4期），〈台灣的乾旱〉，劉卓峰，1963。

《乾旱指標之建立：中部及南部區域》，經濟部水資源局，1999。

《淺析台灣天然災害變動趨勢》，內政部，2002。

《賀伯颱風災害及復建工程紀實》，行政院公共工程委員會，1998。

《歷年台閩地區天然災害統計分析》，內政部，2002。

《環境工程（二）下水道工程》，駱尚廉、楊萬發，茂昌圖書公司，1999。

《聯合報》，2001年10月1日。。

《灌溉節水技術手冊》，行政院農業委員會，1995。

內政部營建署網站，http://www.cpami.gov.tw。

台北動物園網站，http://www.zoo.gov.tw。

行政院農業委員會網站，http://www.coa.gov.tw。

行政院環境保護署網站，http://www.epa.gov.tw。

經濟部水利署網站，http://www.wra.gov.tw。

Water for People, Water for Life: The United Nations World Water Development Report, UNESCO, 2003。

第 6 章

水的戰爭

　　有識之士早在許多年前就已經預測「二十一世紀是爭水的世紀」，其實水的爭奪史更早，在數千年前就已經開始了。

　　遠古時期，人類為了生存必須居住在河邊以便就近取得水源，但也必須防範時而暴發的洪水與氾濫；人類與大自然爭水、避水患是水的戰爭的第一個階段。

　　之後，由於人口增多，各項產業相繼開發，對水的需求也日益增多。但容易開發的水資源早已開發了，因此爭奪有限的水資源便成為相鄰兩國發生爭端的導火線。人與人間的水爭奪是第二個階段。

　　而過度開發導致的災難，如地層下陷、土石流、水源污染等，造成社會威脅與經濟損失的大自然反撲，是第三階段水

的戰爭。

人與天的戰爭

　　水是人類文明發展不可或缺的必要因素之一，對水資源能趨吉避凶的民族，就能發展出輝煌燦爛的文明；無法克服自然困境的，便淹沒在時代的洪流中。不論是西方的埃及與美索不達米亞，還是東方的中國及印度，在東西方文化還沒有交流之前，都各自發展出高度的文明，也充分顯露出他們的用水智慧。

　　例如古埃及人不僅懂得建造金字塔，也知道如何興建水壩，如全世界最古老的卡法拉壩；兩河流域使用的坎兒井，也是半乾燥地區輸送水的絕佳之作；中國舉世無雙的防洪及運河工程，這些都對人類後續文明的發展有深遠的影響。

　　相對的，若無法善用水資源，或者無法克服旱澇的逆境，即使再輝煌燦爛的文明，終究會有滅絕的一天。例如從九世紀到十五世紀極為興盛的吳哥文明，即是因為無法有效維持水利設施機能而逐漸荒廢滅亡。

　　在柬埔寨創立的吳哥王國，十二世紀至十三世紀是全盛時期，當時版圖橫跨東南亞。柬埔寨人很早就知道引用洞里湖（Tonle Sap）的水來灌溉農田。隨著人口增加，也建造了許多稱為「巴瑞」（baray）的蓄水池，提供農業灌溉用水；巴瑞的作用不止於此，甚至他們認為是代表宇宙中心須彌山（Mount Meru）四周圍繞的海洋。吳哥文明的繁榮可說是完全奠基在完善的水利系統之上。

　　歷代的吳哥國王都想蓋一座自己的紀念性建築，因此寺廟數

量激增，這些數以百計的寺廟就散佈在洞里湖北方200平方公里的範圍內。

一三五二年起，吳哥王國與暹邏間的戰爭使得人口劇減，最後維持水利設施機能的人員也被徵召參戰，而使得水利系統無法維持完善的灌溉功能，農業生產減少，最後農地逐漸荒蕪。約一四三〇年，暹邏派遣精銳部隊圍攻吳哥城，一年之後，吳哥城淪陷，最後暹邏人棄城而去。吳哥文明的繁榮遺跡終於淹沒在綿延不絕的森林中了。

直到一八六〇年，法國博物學家穆奧（Herni Mouhot）意外地在叢林中發現吳哥城遺跡，吳哥城的歷史才又重見天日。

位於中美洲熱帶雨林的馬雅文明，相傳是因久旱而沒落。

早在一四九二年哥倫布發現新大陸之前，從墨西哥南部到洪都拉斯與薩爾瓦多一帶的馬雅地區，就已出現過極興盛的文明了。

全盛於二五〇年至九〇〇年間的馬雅文明，在此興建了許多都市，如提卡爾（Tikal）、柯班（Copan）等，每個都市都建造刻有國王肖像與記述王朝歷史的紀念碑。但由於氣候乾燥化使得雨量不穩定，進而影響農作物的收成，到了九二二年左右，乾燥化達到高峰，馬雅文明無法承受這樣的改變而逐漸沒落。

人與人的戰爭

水的無可取代性，使得人類為求生存與發展，爭奪有限水資源的事蹟史不絕書，最早的記錄發生在四千五百年前的美索不達米亞。

當時拉格什（Lagash）與烏瑪（Umma）兩國為奪取水源而兵戎相見，位於兩國邊界的歸丁（Guedena）是兩國必爭之水源地。拉格什國王埃安那同（Enatum）打敗烏瑪取得歸丁後，烏瑪居民必須付費才能使用該區的水源。埃安那同的兒子恩特美那（Entemena）繼承王位後，開鑿渠道引底格里斯河的河水灌溉農地，後來的國王烏爾拉瑪（Urlama）抽乾邊界渠道的水，使得烏瑪無水可用，烏爾拉瑪的繼承者伊利（II）更切斷了烏瑪境內吉爾蘇（Girus）城的水源，讓吉爾蘇居民陷入絕境。

因水引發的衝突原因是多方面的，有學者歸納為下列四個因素：

(1)水資源使用在軍事及政治目的上；

(2)水成了戰爭的武器；

(3)水資源系統被視為戰爭奪取的目標；

(4)不平等的水資源分配、使用與開發。

國際間因水引起的衝突事件層出不窮，表6-1條列出近百年來有關水衝突事件的時間、起因及對象。可以想見，假如衝突的癥結沒有辦法解決的話，未來的水衝突事件也將會時有所聞。

國際間容易發生水衝突的地區都是屬於同一流域的不同國家，因對水資源的使用缺乏共識所引起，這些地區包括南亞、南北美洲、中東及非洲等。

■南亞的衝突

印度與巴基斯坦邊界的比斯河（Beas River）與拉維河（Ravi River）是印度河的支流，發源於喜馬拉雅山，流經印度旁遮普省

表6-1 水衝突大事紀

時 間	對 象	事 因
1898	埃及、法國、英國	法國遠征軍欲控制白尼羅河的水源，幾乎引起英、法兩國之間的戰爭。
1907-1913	美國	加州洛杉磯河谷水道計畫遭受無數次的炸彈攻擊威脅，以阻止將水由歐文河谷(Owens Valley)引至洛杉磯。
1935	美國	亞利桑那州徵召軍警至邊界抗議加州興建派克水壩(Parker Dam)及由科羅拉多河引水，爭端在法庭上解決。
1947-	印度、孟加拉	位於印度及孟加拉邊界的恆河，由於印度於1962年興建法拉卡壩導致兩國關係持續緊張，直到1996年才簽訂三十年的條約。
1947-1960	印度、巴基斯坦	印度及巴基斯坦邊界的印度河也因印度強引河水於灌溉而衝突，最後在世界銀行的調停之下簽訂條約而告落幕。
1951	以色列、約旦、敘利亞	約旦爲灌溉水源而堵注雅爾穆克河，而以色列則還以抽乾在非軍事區的胡拉湖，自此以色列和敘利亞邊界的衝突不斷。
1953	以色列、約旦、敘利亞	以色列從加利利海北邊的約旦河引水至南地沙漠灌溉，由於敘利亞在邊界的軍事行動及國際間的壓力，使得以色列將水口退回加利利海。
1958	埃及、蘇丹	埃及派遣遠征軍至有爭議的領土，意圖佔領尚未協調解決的尼羅河水源。
1962-1967	巴西、巴拉圭	巴西與巴拉圭協調開發巴拉納河，因巴西於1962年出兵而暫停，至1967年結束軍事行動才又開始恢復協商。
1963-1964	衣索匹亞、索馬利亞	1948年制定的邊界使得一部分的索馬利亞居民受依索匹亞的統治，在仍有爭議的歐加登沙漠由於有水及石油資源而引發不斷的衝突。
1970s	阿根廷、巴西、巴拉圭	巴西和巴拉圭宣布在巴拉納河合作興建伊太布水庫，引起阿根廷高度關切其對下游環境的影響及本身建壩的效率。
1974	伊拉克、敘利亞	伊拉克於邊界集結軍隊揚言炸燬位於敘利亞境內的阿里塔瓦拉壩(al-Thawra Dam)，因爲該壩減少了流到伊拉克境內幼發拉底河的流量。
1975	伊拉克、敘利亞	伊拉克宣稱枯水年時幼發拉底河流至其邊界的流量無可

		容忍的少，請求阿拉伯聯盟介入調停，位於上游的敘利亞指稱是因河川流量不及平時之半，雙方一觸即發，幸而沙烏地阿拉伯成功調停了雙方的衝突。
1975	安哥拉、南非	南非軍隊進入安哥拉境內佔領位於庫內內河的戈芙壩(Gove Dam)以確保本身所需的水源。
1978	埃及、衣索匹亞	衣索匹亞想在其境內藍尼羅河興建水庫，但此舉引起位於下游埃及的不安，宣稱會讓埃及捲入戰爭的只有尼羅河的水。
1982	瓜地馬拉	有一百多人因反抗在尼格羅河興建發電水壩而被殺害。
1990	伊拉克、敘利亞、土耳其	土耳其自1983年開始進行阿納托利亞水利計畫，預計在幼發拉底河上游築壩，位於下游的伊拉克及敘利亞將深受影響。
1992	捷克斯拉夫、匈牙利	匈牙利廢止與捷克斯拉夫簽訂哥巴契可夫/拿記馬羅仕計畫(Gabcikovo/Nagymaros Project)須以環境為考量，但捷克斯拉夫則繼續執行，此事件後由國際法庭處理。
1997	新加坡、馬來西亞	馬來西亞供應新加坡近半的水源，1997年馬來西亞威脅要停止供應以報復新加坡對其政策的批評。

資料來源：*The World's Water 2002-2003*

後再流入巴基斯坦。一九四八年印度在比斯河與拉維河實施引水灌溉工程，此舉使得流入巴基斯坦的水源減少，嚴重影響巴基斯坦的灌溉用水。在世界銀行的主導下，歷經了十二年漫長的協調，終於在一九六○年才使印度及巴基斯坦簽訂了用水的協議。

位於印度及孟加拉邊界的恆河，也是容易引起緊張關係的流域。印度於一九六二年在邊界興建橫跨恆河的法拉卡壩，用於灌溉及改善航運，但此工程威脅到流入孟加拉的水源，特別是在乾季的時候。直到一九九六年兩國才簽訂用水協定，解決兩國劍拔弩張的關係。

■南美的衝突

流經里約平原的巴拉納河（Parana River）流域包括阿根廷、玻利維亞、巴西及巴拉圭等四個國家，巴西位於巴拉納河的上游，所以巴西的任何水利計畫，都會影響到下游國家。例如巴西與巴拉圭於一九七五年合作興建的伊太布水庫，雖然發電量鉅大，但阿根廷未蒙受好處，該國東北部卻有可能遭受洪水淹沒的威脅，而且影響未來在伊太布水庫下游興建水庫的運作成效。

另外，玻利維亞也曾指控智利將露卡河（Lauca River）上游的水截取用於發電與灌溉，導致該國境內露卡河下游的柯帕薩湖水位下降且有鹽化現象，影響該國農業用水甚大。

■北美的衝突

發源於美國而後流入墨西哥的科羅拉多河（Colorado River）及格蘭河（Rio Grande）是兩國時常發生爭端的根源。下游的墨西哥常怪罪位於上游的德州，為了自身用水而不願意參與多邊用水計畫。另外，德州抽取地下水作為灌溉用水也導致地下水位下降，及枉顧流入墨西哥境內河川水質的問題，也常讓墨西哥譴責美國執行水資源計畫時，未考慮其對下游國家的影響。

■中東的衝突

中東地區是種族、宗教的衝突地，水資源的問題更是該地區戰手的導火線。

約旦河源自於哈斯巴尼河（Hasbani River）、達恩河（Dan

River）及巴尼亞斯河（Banias River），匯流後流入加利利海（Sea of Galiee），之後雅爾穆克河（Yarmouk River）再匯入約旦河。約旦河流域涵蓋了以色列、約旦、敘利亞及黎巴嫩。約旦河長約120公里，流域面積約11000平方公里，水源不算豐沛。

一九五一年，約旦為了灌溉水源而堵注雅爾穆克河，影響到以色列的用水，以色列還以顏色抽乾在非軍事區胡拉湖（Huleh swamp）的水以增加約旦河的流量，結果引發以色列和敘利亞邊界的衝突不斷。

一九五三年，以色列準備建造「國家水渠」（National Water Carrier），從加利利海北邊的約旦河引水灌溉南地沙漠（Negev Desert）。此計畫使得敘利亞和以色列的邊界發生了多次軍事衝突。後來在國際的壓力下，才使得以色列將取水口退回加利利海。一九六七年的「六日戰爭」，以色列佔領了戈蘭高地（Golan Heights），主要目的也是為了要確保水源。

幼發拉底河與底格里斯河均發源於土耳其，流經敘利亞，在伊拉克境內匯合成阿拉伯河後流入波斯灣，兩河流域總面積約78萬5000平方公里，其中約百分之四十五在伊拉克境內，構成了伊拉克百分之八十三的國土面積。幼發拉底河在伊拉克境內幾乎沒有支流匯入，境內百分之八十九的流量來自土耳其，百分之十的流量來自敘利亞，因此伊拉克必須依賴土耳其及敘利亞境內流出來的水過日子，因而使得伊拉克為了水源的問題與鄰國關係緊張。

一九七四年至一九七五年間，乾旱的氣候造成幼發拉底河流量大幅減少，伊拉克怪罪敘利亞境內的阿里塔瓦拉壩（al-Thawra

Dam）將水蓄留住減少了下游的放流量，揚言要炸燬該壩。

自一九八三年開始，土耳其在其境內進行阿納托利亞水利計畫（Grand Anatolia Project），預計在幼發拉底河及底格里斯河上游修築水壩22座及水力發電廠19座，俾使有足夠的水源供應土耳其西南部的灌溉用水。位於下游的敘利亞及伊拉克就遭殃了。例如一九九〇年，土耳其為了蓄滿其新建的阿塔圖克壩（Ataturk Dam）而減少對下游的放流量，此舉引起敘利亞及伊拉克的不滿，差點兵戎相見。

■非洲的衝突

尼羅河是由白尼羅河及藍尼羅河二支流組成，全長6600餘公里，為世界第一長河流。埃及自古即依賴尼羅河，至今亦復如此。近年來埃及因人口增加希望尼羅河上游的蘇丹將多餘的水提供埃及使用，但蘇丹本身也因人口增加將進行大規模灌溉開發計畫，因此也沒有多餘的水源可提供，埃及只得轉向衣索匹亞求援。然而，衣索匹亞在一九七八年計畫在境內的藍尼羅河興建水庫，位於下游的埃及又坐立難安了。能讓埃及人捲入戰爭的，只有尼羅河的水。

解決紛爭的不二法門便是制定條約及協議。例如歐洲的多瑙河、萊茵河、易北河及窩瓦河等四條河流，每條河流至少流經4個國家以上，每條河水的使用，都受到不下於175條用水條約的規範，所以紛爭較少。

反觀非洲有12個流域為4個國家以上所共有，但只有34條規章來規範，而亞洲有5個流域為4個國家以上所共有，也只有31

條協定來規範，難怪這些國家容易引發水的衝突。

大自然的反撲

　　人口增加後，糧食、其他工商業產品的需求量也都會大幅增加，這意味著需水量也要大幅增加，因為所有的產業都需要耗水。另外經濟的繁榮也使得用水量增加的速度比人口成長的速度還快。據估計一九四○年至一九九○年的五十年期間，全世界人口約增加了二倍，但用水量卻增加了約四倍，這代表需要開發更多的水資源來滿足人類。

　　但過度的開發已深深危害到環境，例如超抽地下水引起的地層下陷、水土保持不良容易引發土石流、未經處理即排放的廢污水造成河川水質污染等。受傷害的環境短期間也許不會對人類經濟社會造成傷害，但伺機反撲的大自然，往往會帶來人類意想不到的災難。

　　幾次巨大且損失慘重的災難，才讓人警覺到人類的渺小及大自然力量的深不可測。最記憶猶新的例子，就是賀伯颱風帶來的風災。

　　一九九六年七月三十一日在宜蘭附近登陸的賀伯颱風，為全台帶來了豪雨，最大的降雨中心出現在南投及嘉義山區。阿里山氣象站七月三十一日測得的日雨量高達1094.5公厘，打破該站自一九三三年設站以來的最高記錄；而三天的累積降雨量更高達1994公厘。強風豪雨造成山洪暴發、河川水位超過警戒線、都市地區嚴重積水，又適逢漲潮使得沿海地區海水倒灌，全台灣各地

表6-2　賀伯颱風災情統計

人員	死亡51人，失蹤22人，重傷47人，輕傷416人。
房屋	全倒503間，半倒880間。
農業	農田流失599公頃，埋沒1,266公頃，海水倒灌2,157公頃； 農作物受害面積15萬3,000公頃，畜牧業損失4億7,000萬元； 漁塭淹水6,000公頃，養殖產物損失16億元； 林業損失6億6,000萬元，水土保持損失16億7,000萬元。
水利工程	河堤沖毀受損160公里，海堤沖毀受損37公里； 全台淹水面積35,000公頃。
交通	道路多處發生坍方、塌陷、路基缺口及橋樑流失，共3,690處損壞，鐵路部分路段土石坍方，受損電話用戶20萬5,000戶。

資料來源：《賀伯颱風災害及復建工程紀實》

　　的交通設施、水利工程、水土保持工程、電信、電力、自來水工程等遭受空前的破壞，總計損失高達330多億元。賀伯颱風造成的各類災情統計列於表6-2。

　　柔腸寸斷的道路、滿街泡水的車輛、整排折斷的電線桿、遭土石淹沒的房舍、斷裂崩落的橋樑，到處都是觸目驚心的慘狀。

　　天災固然無法避免，但是人為的過度開發也是造成災情慘重的原因之一。根據事後調查，山坡地的不當及超限利用，不僅影響邊坡的穩定及水土保持，而容易產生的土石崩落更有可能隨山洪流下，破壞下游的水利及交通設施。

　　地下水超抽引起的地層下陷，使得排水設施無法發揮原有的功能，連帶禦潮設施也喪失功能。盜濫採河川砂石也影響橋樑橋墩的安全，這些都是人為不當，加劇了原本就很嚴重的災情。

　　賀伯颱風在南投陳有蘭溪及阿里山山區造成了嚴重土石流（debris flow）災害，自此土石流成了媒體爭相報導的題材。為什

麼過去很少聽聞的土石流一夕之間成了災難的代名詞呢？土石流究竟是什麼？

　　土石流通常發生在陡峻的溪谷或斜坡面上。當崩塌土石或風化礫石岩屑的鬆散土層，受到豪雨形成的地表逕流或土層地下水位上升的作用，而失去原有之安定狀態時，高濃度的土砂石伴隨洪水在重力作用下沿著自然坡面流動，此即為土石流。

　　土石流的特徵為流速快、泥砂濃度高、沖蝕力強、衝擊力大。土石流發生與否及可能造成災害的大小，與該區域內崩積物厚度、地質成分、水文特性、及地形特性等因子有關，即形成土石流的基本要件為豐富的鬆散土石、充分的水分及足夠大的坡度。土石流發生的主要途徑可分為下列幾種：

　　一、沖刷溪流底床造成土石流。溪床原本就有土石堆積，洪水期間溪床表面侵蝕產生局部沖刷破壞，當逐漸擴大以致溪床整體破壞而形成土石流。

　　二、沖刷溪流邊坡造成土石流。由於溪床邊坡不穩定產生大量崩塌，洪水混雜著崩塌的土石形成土石流。

　　三、壩體崩塌造成土石流。由於溪床邊坡不穩定產生大量崩塌，崩塌的土石在河道上形成一壩體，阻擋水流並使河流水位上升，當水位上升超過土石堆時，造成土石堆崩落而產生土石流。

　　四、土壤液化形成土石流。地表下岩層破碎、細縫中的地下水產生極大的孔隙壓力，造成局部土體破壞或土壤液化而形成土石流。

　　台灣地區近年來發生重大土石流災害的地區及其發生原因列於表6-3。土石流的發生跟自然因素有絕對關聯，台灣地區由於

表6-3 台灣地區近年來發生重大土石流災害的地區及其原因

時　間	地　　　　　　點	原　因
1979.10	台東縣泰安村	娜拉颱風
1981.7	新竹縣芎林	莫瑞颱風
1982.8	台北縣林口	西仕颱風
1985.8	南投縣豐丘村	尼爾森颱風
1986.9	南投縣豐丘村	韋恩颱風
1989.7	彰化縣二水	豪雨
1989.9	南投縣溪頭	豪雨
1990.6	花蓮縣銅門村、榕樹村	歐菲莉颱風
1990.9	花蓮縣紅葉村	黛特颱風
1991.9	台東縣瀧僑、太麻里	奈特颱風
1994.10	花蓮縣豐濱鄉新社村	提姆颱風
1996.7-8	南投縣陳有蘭溪沿岸、屏東縣瑪家、嘉義縣阿里山	賀伯颱風
1996.11	花蓮縣豐濱鄉新社村	爾尼颱風
1997.8	台北市天母	溫妮颱風
1997.9	南投縣神木村	豪雨
1998.6	南投縣豐丘村	豪雨
1998.10	台北縣五股鄉、三芝鄉	瑞伯颱風
2000.2	雲林縣古坑鄉、南投縣埔里鎮	豪雨
2000.4	雲林縣古坑鄉、彰化縣二水鄉、嘉義縣阿里山鄉	豪雨
2000.6	雲林縣古坑鄉、南投縣水里、魚池、埔里等鄉鎮	豪雨
2000.7	南投縣水里鄉、鹿谷鄉	豪雨
2000.8	嘉義縣阿里山豐山村等地區	豪雨
2001.7	花蓮縣光復、鳳林、萬榮，南投縣鹿谷、水里、仁愛、信義、竹山，及苗栗縣泰安鄉等鄉鎮	桃芝颱風
2001.9	台北縣淡水鎮	豪雨

資料來源：詹錢登、《淺析台灣天然災害變動趨勢》

表6-4 土石流數目前十多的縣市及鄉鎮

排序	縣市	土石流數目	鄉鎮	土石流數目
1	台北縣	214	南投縣埔里鎮	41
2	南投縣	199	台東縣卑南鄉	38
3	花蓮縣	160	宜蘭縣大同鄉	33
4	台東縣	160	南投縣信義鄉	32
5	宜蘭縣	124	南投縣國姓鄉	31
6	台中縣	82	南投縣仁愛鄉	29
7	苗栗縣	70	南投縣水里鄉	28
8	新竹縣	64	花蓮縣秀林鄉	27
9	屏東縣	63	台中縣和平鄉	26
10	高雄縣	54	台北縣瑞芳鎮	25

資料來源：《淺析台灣天然災害變動趨勢》、行政院農業委員會水土保持局

地形陡峭、地質破碎、豪雨集中，本來就是土石流發生機會較大的地區之一。近幾十年來，原本未使用的山坡地，都陸續開發為住宅區或供農業使用；山坡地的大量開發，破壞了原有的水土保持，加劇了土石流可能發生的機會及衍生的災害。一九九九年九二一集集大地震之後，大量鬆散的土方堆積在山坡上或山谷間，更是大大提高發生土石流的可能性。

根據調查，截至二○○二年五月底止，台灣地區計有土石流1420條，有19個縣市、159個鄉鎮市遭受土石流的威脅。依縣市分，以台北縣214條居首位，南投縣199條居次，花蓮縣及台東縣各有160條占第三位；依鄉鎮分，以南投縣埔里鎮41條為最多，台東縣卑南鄉38條居次，宜蘭縣大同鄉33條為第三。土石流數目排名前十名的縣市及鄉鎮如表6-4所示。

針對土石流防治方法與目的不同，可分為「預防措施」與

「防治措施」。預防措施是避免土石流災害的方法,包括規範土地利用、劃定土石流危險區、遷移住宅、通報土石流資訊、建立土石流警報避難系統、及示範教育的宣導等。

　　至於防治措施包括下列三種體系:防止土石流發生體系、控制土石流運動體系、預防土石流危害體系。

　　防止土石流發生體系是採取治坡工程、治溝工程、治灘工程等,對流域進行水土改善工程,以防止土石流發生。

　　控制土石流運動體系是採取攔擋工程、調節工程、排導工程等,使土石流發生時能順利通過或堆積到預定區域,對保護區不致造成危害。

　　預防土石流危害體系,是在土石流發生前採取預防措施、發生過程採取警報措施、並對保護區域內重要設施採取保護措施,使土石流在活動過程中不至於引起嚴重的災害。

　　過度的開發對生態環境是一種傷害,雖然這一類的傷害不見得會立即對人類造成損失,但遲早會以負面的衝擊反撲在人類身上;好的生態環境對人類絕對是有益處的。所以近年來水利工程的實施不僅要求發揮功能,更要兼顧維護生態環境,因此在工法上提倡「近自然工法」或「生態工法」(Ecotechnology 或 Ecological Engineering)。

　　生態工法的起源可追溯至一九三八年德國塞弗爾特(Seifert)提出近自然河溪整治的概念,到了一九八九年生態學家米契(W. J. Mitsch)及喬金森(S. E. Jorgensen)首先明確界定生態工法的觀念及適用範圍。

　　台灣地區近年來也逐漸倡導以生態工法取代傳統工法,降低

環境傷害。為求對生態工法的實質內容有一共識，專家學者數次討論後，定義生態工法為：「人類基於對生態系統的深切認知，為落實生物多樣性保育及永續發展，採取以生態為基礎、安全為導向，減少對生態系統造成傷害的永續系統工程設計」，換句話說，生態工法基本上是遵循自然法則，把屬於自然的地方還給自然，讓自然與人類能共存共榮。

推動生態工法的目的在於避免破壞生態環境、使用最少資源、而能源及資源都可以再生利用、減少廢棄物、並維護生物多樣性。

近年來生態工法應用頗多，但應用生態工法的成功要件必須要對現有的生態環境有全盤的了解，以使工程手段對生態的衝擊減到最小程度，並且因地制宜，就地取材，以減少資源消耗，才能達到前述的目的。

對水利工程而言，採用生態工法必須有以下的體認：

(1)設法將雨水留在大地，藉以涵養大地水份，補充地下水源；

(2)治洪須從集水區開始，而非僅限於水道治理；

(3)營造河川生態環境，以自然、多孔隙的河岸配合植樹營造生物棲息環境，並以魚道降低生態的衝擊；

(4)回收市區建築物截留的雨水並加以利用，善用道路或廣場的透水舖面降低地表逕流量；

(5)應用溼地自淨功能淨化廢污水，並且營造生物多樣化的棲息環境。

台北內湖大溝溪上游及七家灣溪的整治工程，就是生態工法

的具體成果呈現。

魚道（fishway）或稱為魚梯（fish ladder），是在河流的擋水結構物（如壩或堰等）建造供魚類迴游的通道，維持魚類的正常生態，而不受這些結構物影響。最早的魚道建於十七世紀的法國，魚道的研究發展至今也有三百多年的歷史了。

魚道的設計必須注意標的魚種（target species）的習性及水域環境的水文、地文條件差異，常用的魚道形式有以下三種：

(1)池堰式（pool-weir type）魚道：適用於流量及水位較穩定的河流。

(2)豎孔式（vertical slot type）魚道：適合流量及水位變化較大的河流。

(3)丹尼爾式（Denil type）魚道：適用於坡度較陡的地形，因其效能較好，可用在流量及流速較大的河流。

新店溪的粗坑壩和桂山壩、大甲溪的馬鞍壩都設有魚梯。另外，生態流量（有人稱為正常流量或最低流量〔instream minimum flow〕）是維持河流正常生態所需的基本流量，主要目的為提供水域生態環境某種程度的保護。

過去某些水利工程在興建完後開始蓄水，便忽略了下游水域動植物所需的水源，影響到水域生物的棲息環境，甚至影響其生存，所以過去數十年來許多保育人士一再呼籲，要施放生態流量至下游維護下游的水域生態環境。

近年來這一方面的研究方興未艾，目前較常用於計算生態流量的方法有歷史流量法（historical flow method）、水力法（hydraulic method）及棲地法（habitat method）。

借「水」殺人事件

亞述帝國國王西拿基立（Sennacherib, 705-681 BC 在位）大概是有歷史記錄以來第一位以水為武器的人。西元前六八九年，西拿基立建壩堵住幼發拉底河，等水蓄滿後即將壩破壞，利用洪水摧毀巴比倫城。

在家喻戶曉的《三國演義》裡面，也有「關雲長水淹七軍」[1]的故事。

話說曹操派遣征南將軍于禁與征西都先鋒龐德，率領精壯七軍赴樊城救援魏軍，與關羽領軍的蜀軍對峙河水湍急的襄江。一日關羽登高觀望軍情，胸有成竹地表示擒拿敵將于禁是遲早的事情。原來魏軍部署在山谷之間。

關羽派人築堰擋水並製造許多船筏。不久，秋雨連綿，連續下了數日大雨，襄江水位高漲，關羽派人破壞堰堤，大水如千軍萬馬般瞬時湧至，魏軍來不及移防高地就被洪水淹沒了。

在中國歷史上最早以水作為攻擊武器的記載是在春秋時代。魯昭公三十年時（西元前512年），吳國以水灌城攻滅徐國[2]。另外，東周貞定王十六年（西元前453年）時，晉荀瑤也利用晉水灌晉陽[3]。《史記》及《戰國策》中也多有記載諸侯間相互以決堤灌水方式攻伐之事[4,5]，而《墨子》一書中有〈備水篇〉，專論防水攻的方法[6]。

近年來較著名的事件有南北韓之間建壩的爭議。一九八六年，北韓宣布要在漢江的支流興建金剛山（Kumgansan）水力發電工程，此計畫可提供北韓必需的電力。但南韓可不這麼認為，

南韓首都漢城就在預定壩址的下游，南韓擔心北韓以此作爲軍事
武器，因爲潰壩後的洪水可以完全摧毀漢城。後來此計畫因北韓
的政治及經濟問題而擱置尚未執行，但南韓已著手在漢城附近的
漢江興建一系列的堤防及低堰，以防禦北韓任何的威脅。

　　第一次波斯灣戰爭是另一個企圖以水爲武器的例子。一九九
一年，聯軍希望土耳其從上游切斷幼發拉底河供應伊拉克的水
源，但土耳其拒絕了聯軍的要求。

　　以水爲武器並非全都用於攻擊，也有用於防範敵人攻擊的情
況，荷蘭的水防線（The Defence Line）就是一個著名的例子。在
十六世紀時，荷蘭利用水防線打敗了西班牙，贏得了獨立。水防
線是利用大片可供水淹沒的土地所構成，使來襲的敵人無法穿越
淹水區。之後，在十七世紀時，荷蘭又利用此法成功阻擋了法軍
的攻擊。但在十八世紀時，法軍利用冬天水面結冰時大舉入侵，
便攻陷了荷蘭。

　　到了十九世紀，拿破崙戰敗後，荷蘭重新獲得獨立，此時一
條新且更堅強的洪氾線便建構起來，並在敵人容易入侵的地方興
建有水溝圍繞的堡壘，堡壘內架設有槍砲防禦敵人入侵，另外還
建造一條環繞阿姆斯特丹的新防線。

　　在第二次世界大戰初期，荷蘭因爲陸特丹慘遭德軍轟炸而宣
布投降，水防線沒能發揮阻擋敵人入侵的功能。之後由於武器日
新月異，火力日益強大，水防線已經無法有效發揮其在軍事上防
止敵人入侵的功能，但在人類歷史上的價值卻不可磨滅，有人稱
荷蘭的水防線可媲美中國的萬里長城、英格蘭北部的哈德良長城
（Hadrian's Wall）以及法國東北部的馬奇諾防線（Maginot Line），

聯合國教科文組織在一九九六年時將之列入世界文化遺產名單中。

　　介紹完人類文明史中水的科學與技術演進歷程，也了解人類如何利用水創造出高度繁榮的經濟體系，以及無法完全避免的水的災難。底下一章將從台灣過去四百年來的水資源發展，看現在的水資源問題，以及展望未來的願景。

註釋

　　[1]《三國演義》第七十四回「龐令明臺櫬決死戰，關雲長放水淹七軍」：……時值八月秋天，驟雨數日。公令人預備船筏，收拾水具。關平問曰：「陸地相持，何用水具？」公曰：「非汝所知也。于禁七軍不屯於廣易之地，而聚於罾口川險隘之處；方今秋雨連綿，襄江之水，必然泛漲；吾已差人堰住各處水口，待水發時，乘高就船放水，一淹，樊城；罾口川之兵，皆為魚鱉矣。」……是夜風雨大作。龐德坐在帳中，只聽得萬馬爭奔，征聲震地。德大驚，急出帳上馬看時，四面八方，大水驟至；七軍亂竄，隨波逐浪者，不計其數；平地水深丈餘。

　　[2]《左傳・昭公》：「吳子怒，冬，十二月，吳子執鍾吳子，遂伐徐，防山以水之，己卯，滅徐。」

　　[3]《戰國策・秦策》：中期推琴對曰：「王之料天下過矣。昔者六晉之時，智氏最強，滅破范、中行，帥韓、魏以圍趙襄子于晉陽。決晉水以灌晉陽，城不沈者三板耳。智伯出行水，韓康子御，魏桓子驂乘。智伯曰：『始，吾不知水之可亡人之國也，乃今知之。汾水利以灌安邑，絳水利以灌平陽。』……。」

　　[4]《史記・魏世家》：「……十八年，秦拔我石城。王再之衛東陽，決河水，伐魏氏。大潦，漳水出。魏冄來相趙。……」

　　[5]《戰國策・趙策》：「……先時中山負齊之強兵，侵掠吾地，

係累吾民，引水圍鄙，非社稷之神靈，即鄙幾不守。……」

　　[6]《墨子‧備水》：「城內塹外周道，廣八步，備水謹度四旁高下。城地中偏下，令耳亓內，及下地，地深穿之令漏泉。置則瓦井中，視外水深丈以上，鑿城內水耳。並船以爲十臨，臨三十人，人擅弩計四有方，必善以船爲輠輬。二十船爲一隊，選材士有力者三十人共船，亓二十人人擅有方，劍甲鞮瞀，十人人擅苗。先養材士爲異舍，食亓父母妻子以爲質，視水可決，以臨輠輬，決外隄，城上爲射機疾佐之。」

參考書目

　　《土木水利》（第26卷，第2期），〈生態水利工程〉，吳富春，1999。

　　《土石流概論》，詹錢登，科技圖書公司，2000。

　　《大地地理雜誌》（第167期），〈荷蘭的水線防衛戰：以水爲武器〉，2002。

　　《中國科技文明論集》，〈古代灌溉工程起源考〉，徐中舒，牧童出版社，1978。

　　《中國國家地理雜誌》（第23期），〈土耳其：掌控伊拉克的水龍頭〉，2003。

　　《牛頓雜誌》（第191期），〈消失的古代世界〉，1999。

　　《台灣的水庫》，黃兆慧，遠足文化公司，2002。

　　《生態工法概論》，林鎮洋、邱逸文，明文書局，2003。

　　《近自然與生態工法之應用》，許時雄，經濟部水利署，2003。

　　《國家地理雜誌》（2002年12月號），〈吳哥的哀愁〉，2002。

　　《淺析台灣天然災害變動趨勢》，內政部，2002。

　　《賀伯颱風災害及復建工程紀實》，行政院公共工程委員會，1998。

　　行政院公共工程委員會全國生態工法入口網站，http://eem.pcc.gov.tw。

行政院農業委員會水土保持局網站，http://www.swcb.gov.tw。

A History of Dams, Smith, N., The Citadel Press, 1972。

History of Hydrology, Biswas, A. K., North-Holland Publishing Company, 1972。

Regulated Rivers: Research and Management, 13, Instream flow method: a comparison of approaches, Jowett, I. G., Wiley, 1997。

Water: The International Crisis, Clarke, R., Earthscan Publication, 1991。

The World's Water 1998-1999, Gleick, P., Island Press, 1998。

The World's Water 2002-2003, Gleick, P., Island Press, 2002。

Water Wars: Coming Conflicts in the Middle East, Bulloch, J., and Darwish, A., Gollancz, 1993。

Water, De Villiers, M., Stoddart Publishing Co., 1999。

第 7 章

台灣的水

　　吃台灣米、喝台灣水長大的你，是否了解這孕育出美麗之島的「台灣的水」呢？

水水台灣福爾摩沙！

　　一五四五年，葡萄牙人駕駛商船行經台灣附近海面時，遙望台灣林木蓊鬱、山勢雄偉，不禁大聲讚嘆："Formosa!"（美麗島）。的確，這個得天獨厚的天然環境，有充足的水源滋潤大地，不僅使台灣成為美麗之島、萬物欣欣向榮，同時也成了台灣經濟社會蓬勃發展的根基。

　　台灣位於北緯 21.6 度至 25.3 度之間，東經 120.1 度至 121.3 度間，東海與南海交界處，東臨太平洋，西隔台灣海峽與

福建相望。北回歸線通過嘉義附近，屬於熱帶與亞熱帶氣候區，終年高溫，平均氣溫達 20°C 以上。

台灣南北狹長，形狀類似紡錘，北起富貴角至南端鵝鑾鼻，長約 394 公里，東由秀姑巒溪口起至西邊濁水溪口，最寬約 144 公里，面積約 36000 平方公里。中央山脈縱貫南北，高度超過 3000 公尺的山峰多達數十座，因此，台灣山地及丘陵多於平地。據估計，標高 1000 公尺以上的山區面積達百分之三十二，而標高介於 100 公尺至 1000 公尺間的丘陵及台地約占百分之三十一，標高 100 公尺以下的沖積平原僅有百分之三十七，而這就是人口聚集及農工業集中發展的地區。

台灣雨量非常豐沛，一九四九年至一九九○年平均年雨量約為 2515 公厘，主要來源為季風雨、熱雷雨及颱風雨，但各月分的雨量分配極不平均，五月至十月的半年期間降雨量占全年雨量的百分之七十八，而另外半年僅有百分之二十二，圖 7-1 即為台灣地區各月份平均雨量示意圖，雨量分布受到季節性影響至為明顯。

另由於受到地形影響，西部沿海地區的降雨較少，年降雨量約為 1500 公厘，向山區漸增，中央山脈年雨量約在 3000 公厘以上，東部海岸年雨量約為 2000 公厘，另一降雨中心在東北角，因受季風影響，年降雨量約為 4000 公厘左右。各地區各月分的雨量分布情形並不相同，北部地區較為平均，濕季降雨量占百分之六十二，中部地區為百分之七十八，東部地區為百分之七十九，南部地區最不平均，濕季雨量高達百分之九十。年際之間的雨量變化也非常大，圖 7-2 顯示台灣地區自一九四九年至二○○一年間

圖7-1 台灣地區各月份平均雨量

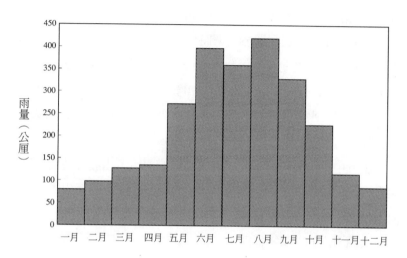

圖7-2 台灣地區歷年（1949-2001）年雨量變化情形

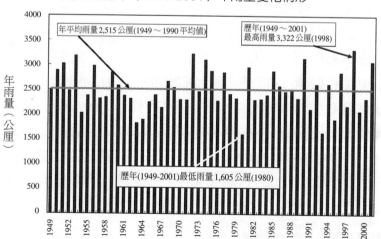

年雨量的變化情形，一九八○年雨量僅有1605公厘，而一九九八年降雨量卻高達3322公厘，二者之間相差逾二倍。

台灣的雨量站最早設於日據時代，如一八九六年的台北、台中及恆春；一八九七年有淡水、社寮島（基隆）、台南及馬公等地，雨量紀錄已有百年的歷史。台灣地區的雨量站，分屬氣象局、水利署、水庫管理局、農田水利會等單位管理，其中隸屬水利署管理的雨量站至二○○一年計有193站。

由於中央山脈縱貫南北，台灣地區的河流多由發源地向東流入太平洋，或向西流入台灣海峽，台灣地區有129條河川：主要河川21條、次要河川29條及普通河川79條。

台灣河川的普遍特性為：

(1)河川短促，流域狹小；

(2)河川坡度陡峻，水流湍急；

(3)豐、枯水量相差懸殊；

(4)河水含砂量大。

在129條河川當中，河流長度超過100公里的只有6條，由北至南依序為淡水河、大甲溪、烏溪、濁水溪、曾文溪及高屏溪，其中濁水溪長度186公里，為台灣最長河川。若依流域面積計，流域面積大於1000平方公里的河系有9條，計有淡水河、大甲溪、烏溪、濁水溪、曾文溪、高屏溪、卑南溪、秀姑巒溪及花蓮溪，其中高屏溪流域面積3257平方公里，為台灣地區流域面積最大的河系。台灣地區21條主要河川的相關位置請參閱圖7-3，各河流的基本資料，包括發源地、出海口、河流長度、流域面積、流域平均雨量等請參閱表7-1。

圖 7-3　台灣地區 21 條主要河川及 40 座水庫位置圖

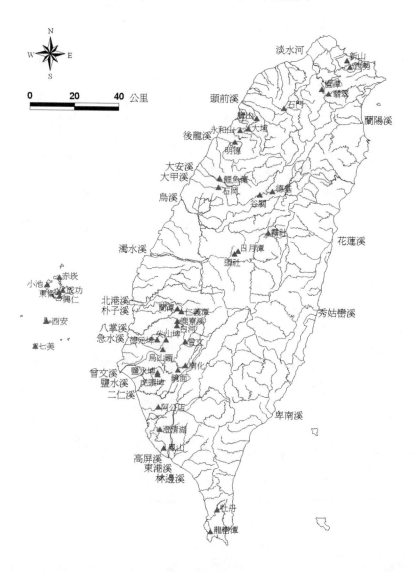

表7-1 台灣地區21條主要河川基本資料

區域	河流	起　點	出海口	河道長度 (公里)	平均比降	流域面積 (平方公里)	平均雨量 (公厘)	平均逕流量 (百萬立方公尺)	平均年輸砂量 (百萬噸)
北部	淡水河	品田山 (El.3529)	淡水鎮	158.67	1:45	2725.82	3001.20	7043.97	11.45
	蘭陽溪	南湖北山 (El.3535)	五結鄉	73.06	1:21	978.63	3255.60	2773.11	7.98
	頭前溪	霍喀羅大山 (El.2233)	竹北市	63.03	1:28	565.97	2239.30	989.21	2.56
中部	後龍溪	鹿場大山 (El.2580)	後龍鎮	58.04	1:22	536.39	1997.80	904.14	4.37
	大安溪	大壩尖山 (El.3296)	大安鄉	95.76	1:29	758.47	2551.50	1573.24	4.94
	大甲溪	南湖東山 (El.3639)	清水鎮	140.21	1:39	1235.73	2526.50	2596.33	4.03
	烏溪	合歡山 (El.2596)	龍井鄉	116.75	1:45	2025.60	2087.10	3726.93	6.79
	濁水溪	合歡山 (El.3416)	麥寮鄉	186.40	1:55	3155.21	2548.90	6094.76	63.87
	北港溪	劉菜園 (El.516)	東石鄉	81.66	1:159	645.21	1819.30	1023.72	2.35
南部	朴子溪	竿萊坑 (El.1421)	東石鄉	75.67	1:53	426.60	1851.20	551.49	0.83
	八掌溪	奮起湖 (El.1940)	北門鄉	80.86	1:42	474.74	2277.44	744.73	3.16
	急水溪	白水溪 (El.550)	北門鄉	65.05	1:118	378.77	1980.30	524.98	2.06
	曾文溪	萬歲山 (El.2440)	七股鄉	138.47	1:57	1176.64	2643.40	2361.27	31.00
	鹽水溪	大坑尾 (El.140)	台南市	87.34	1:295	221.69	1783.90	300.26	2.25
	二仁溪	山豬湖 (El.460)	茄萣鄉	65.18	1:142	350.04	1909.90	498.88	13.10
	高屏溪	玉山 (El.3997)	新園鄉	170.90	1:43	3256.85	3046.10	8455.35	35.61
	東港溪	隘寮 (El.1138)	東港鎮	46.94	1:41	472.20	2499.80	1117.62	0.61
	林邊溪	南大武山 (El.2880)	林邊鄉	42.19	1:15	343.97	3330.70	863.84	1.84
東部	花蓮溪	拔子山 (El.2260)	吉安鄉	57.28	1:25	1507.09	2979.70	3809.26	20.61
	秀姑巒溪	崙天山 (El.2360)	豐濱鄉	81.15	1:34	1790.46	2686.00	4179.02	19.97
	卑南溪	關山 (El.3666)	台東市	84.35	1:23	1603.21	2777.10	3664.71	23.68

資料來源：《台灣地區之水資源》

　　台灣地區河川年平均逕流量約 668 億立方公尺，由於受到降雨季節性分布的影響，河川流量亦呈現季節性的不同，豐水期（五月至十月）逕流量占全年逕流量的百分之七十七，而枯水期（十一月至翌年四月）逕流量僅占百分之二十三。而北區、中區、南區及東區的年平均逕流量差別不大，分別有 162、170、172 及 165 億立方公尺。但南部地區的豐水期與枯水期差異非常大，北部區域的差異則較小。

　　一九〇三年設於淡水河的河溝頭，及次年設於淡水河的油車口、關渡二水位觀測站，是台灣水文觀測之始，至二〇〇一年水利單位在台灣河川共設置了 25 處水位站及 125 處水位流量站，以觀測河川水位及流量的變化。

　　「靠山吃山、靠海吃海」反應出受限於自然環境的不同，人類會發展出不同的居住型態及經濟體系，因此，台灣地區的水資源開發便會因為台灣地區獨特的自然環境而有別於其他地區的特色，底下將介紹台灣地區各時期的水資源開發。

台灣的水資源開發

　　台灣地區水利事業的發展可分為史前時期、宋元明時期、荷人據台時期、明鄭時期、清代時期、日人據台時期、光復初期及近代等八個時期。各個時期重要的水利發展簡述如下。

■史前時期

　　史前的水利事業缺乏文字記載，但依據原住先民史前文物遺址所挖掘出來的遺物及早期平埔族的資料考證，早期的原住先民

大都選擇有良好水環境的乾燥地區居住。

以蔦松文化期的平埔族為例，居住在乾燥少雨的嘉南平原，依賴埤池而生活。其捨棄如蘭陽溪、淡水河、濁水溪等河流旁居住的可能原因為台灣的河川坡陡流急，易生洪氾，其次為河邊溼熱，疫癘猖獗，因此選擇遠離河岸，依賴埤池蓄水而生活。

■宋元明時期

唐朝末年因連年戰亂，沿海居民多出外避難，約一千年前的宋朝，即有記載漢人來台墾殖。元順帝時曾對台設官分治，置巡檢司於澎湖，隸屬於福建省，明朝天啓年間，顏思齊、鄭芝龍等人來台開拓。

宋、元、明時期中國的農田灌溉水利已經非常發達，來台墾殖的移民必然會將相關的技術引入以利耕作，只是少有文字記載，無法知道詳情。

■荷人據台時期（1624-1661年）

荷蘭人佔據台灣約四十年，據台期間招募漢人墾殖生產，以開發農業，進而經營台灣，至據台末期，已有漢人2500餘戶居住台灣，開墾稻田面積已有6000餘公頃，甘蔗田近2000公頃。由此可見，當時農田水利事業應有相當規模，根據記載，荷蘭人當時設有參若陂、荷蘭陂、三腳陂及紅毛陂四處及散佈四處的水井8口，以從事農業灌溉。

■明鄭時期（1661-1683年）

　　鄭成功於明永曆十五年（1661年）復台，為因應軍餉民糧之所需，積極興建水利設施以配合農業生產。根據《台灣府誌》的記載，在明鄭末期，全台共有農地18000多甲（甲為台灣常用的地積單位，約等於0.97公頃），水田7500多甲，顯見鄭成功在台時期有大面積的墾殖，興築的水利設施記載於《台灣府誌》中的有五陂，為公爺陂、弼衣潭、草潭、月眉池及陂仔頭陂，除月眉池在高雄外，其餘皆在台南。此時期的水利開發，多為人工或天然的埤池為主，河川關圳引水的設施尚未多見。

■清代時期（1683-1894年）

　　清朝時期，移民來台墾殖者日漸增多，此期間全台水田增加至20多萬公頃，由於水利設施用水日益增多，與水有關的事務也逐漸增多。在台灣建省之後，以海防同知兼管水利，對水利事務的開發不遺餘力，灌溉輪值亦多有規定，水利行政管理從此時期開始。此時期的灌溉技術以河川關圳引水為主，尤以民間聚資合築，以共同利用陂圳為大宗，較重要的有：

　　(1)施厝圳：清康熙四十八年（1709年），兵馬司副指揮施世榜，倡議開鑿水圳，引濁水溪上游的水源灌溉東螺東堡、東螺西堡、武東堡、武西堡、燕霧上堡、燕霧下堡、馬芝堡、線東堡等八堡之農田，共費時十年才完成，灌溉彰化地區十三堡中的八堡而定名為八堡圳，因水源取自濁水溪，也稱為濁水圳。

　　八堡圳灌溉面積19000多甲，為清代全台最大的水利工程，與台南的通埒圳與新竹的隆恩圳並稱台灣的三大古老埤圳。八堡圳的開關使濁水溪下游彰化地區成為農業重鎮，至今仍為彰化地

區重要的灌溉設施之一。

(2)瑠公圳：清乾隆五年（1740年），郭錫瑠到興雅庄（今台北信義區一帶）一帶開墾，有感於灌溉水源不足，在蕭妙興等人的幫助下，自新店溪青潭開鑿金合川圳引水，灌溉台北盆地興雅庄、上下塔悠庄等地共1200多甲，後人為紀念郭錫瑠而改稱為瑠公圳。由於台北都會區的發展，原本縱橫阡陌間的瑠公圳已多數被填平、或改為水泥箱涵，加蓋埋在地下，僅少數地方留有圳路的遺跡。

(3)隆恩圳：清康熙五十七年（1718年），王世傑開墾竹塹埔，有感於缺乏水利設施，於是集資開圳引頭前溪水源，灌溉田庄400甲，因此有四百甲圳之稱，為新竹地區最早的水圳。

(4)曹公圳：鳳山知縣曹謹上任時因乾旱致農作欠收，於是四處尋訪水源，於清道光十八年（1838年）引高屏溪（當時稱為「下淡水溪」）九曲堂水源，完成五里舊圳44條，灌溉農田2500餘甲，復因水源不足，另完成新圳46條，灌溉農田2000餘甲，後改稱為曹公圳。

另光緒九年（1883年）知縣陳文緯開築六槺陂，位於恆春，灌田五百畝，此時水利開發已達台灣最南端。光緒年間，台灣東部亦逐漸開發，如台東池上的大陂圳，引新武洛溪水源，灌溉農田二百餘甲；花蓮富里大莊圳及瑞穗的莊陂圳也相繼開發，灌溉農田七十餘甲。清朝時期，台灣地區所興建陂圳總計有544處，其中陂226處，圳318處，除少數一、二處為官方獎勵興建外，其餘皆由私人經營的民間事業。

開天宮、林先生廟與曹公祠

郭錫瑠在開鑿金合川圳道時，因與泰雅族的衝突及水土不服等因素，以致工程進行不順利、工人死傷很多，所以郭錫瑠特別蓋了一間小祠，名之為開天宮，供奉「盤古大帝」，祈求工程順利、工匠平安。奉祀盤古除了祈求人員平安、工程順利外，也隱含著一股開創新天地的壯志豪情。開天宮位於今新店市，就在當年郭錫瑠開鑿石腔（隧道）引水的上頭。

施世榜於開鑿八堡圳時，一直無法順利的將濁水溪的水導入圳道中，在束手無策的時候，有一位老先生表示願意傳授引水及施工的方法，後來施世榜採用他的方法，果然順利的將濁水溪的水導入圳道中，施世榜欲酬謝他，他不但拒收且不透露姓名，表示稱之為「林先生」即可。施世榜為了感念林先生的功勞，在現今彰化縣二水鄉興建林先生廟，以感懷其對地方的貢獻。

曹謹為河南人，清道光十七年（1837年）任鳳山知縣。到任之初，因乾旱而農作收成欠佳，曹謹四處尋訪，發現下淡水溪（高屏溪）水源豐沛，於是開鑿渠道引水灌溉，當時稱為「五里舊圳」。之後，提督前來勘查，十分讚許此水利工程，便命名為「曹公圳」。由於圳道鑿通後灌溉數千公頃貧脊土地，當地居民為了尊崇他的功德，便在現今鳳山興建「曹公祠」以懷念他的事蹟，一九九二年則改稱為曹公廟。

二○○三年國光劇團豫劇隊為紀念豫劇來台五十年，特別改編「曹公外傳」這齣戲在國家戲劇院上演，紀念來自河南的曹謹興修水利造福鄉民的事蹟。以豫劇的形式在台表演來感懷出身河南的曹謹對南台灣的貢獻，別具有飲水思源的意義。

■日人據台時期（1895-1945年）

清光緒二十一年（1895年）清廷簽定馬關條約將台灣割讓給日本，日本政府採取農業台灣政策，使得日人極為注重水利建設，在明清時代水利建設的基礎上，積極引進西方技術，使得台灣地區由清代的農業水利，逐漸步入防洪、自來水、水力發電等多目標水利事業。日據時期較重要的水利建設有：

(1)水文觀測：普遍設置雨量站與流量站，採用儀器觀測，開台灣科學治水之始。

(2)防洪設施：日據時期台灣河川的治理計畫開始於清光緒三十三年（1907年），先後完成濁水溪、烏溪、曾文溪、下淡水溪及宜蘭濁水溪等五條河川。

(3)灌溉設施：日人制定公共埤圳規則，凡有關公共利益的埤圳由政府管理，之後又頒布官設埤圳水利組合規則，以管理各地的官設埤圳。除整建原有的埤圳外，新建桃園大圳、嘉南大圳等大規模灌溉工程。

(4)自來水設施：日據期間，鑑於公共衛生非常落後，需建設自來水及排水系統以改善生活品質，因此聘請英人巴爾頓來台協助，全台第一座自來水廠一八九六年於滬尾（淡水）動工，一八九九年完工，之後基隆（1902年）、台北（1909年）、大甲（1912年）、斗六（1912年）、打狗（高雄）（1913年）、嘉義（1914年）、台中（1917年）、台南（1922年）相繼完成自來水設施。至一九四二年，全台計有水廠123處，日供水量近24萬噸，供水普及率達百分之二十二。

(5)水力能源設施：台灣水力能源的發展開始於明治三十八年

台灣自來水之父──巴爾頓

一八五六年，巴爾頓（William K. Burton）出生於英國蘇格蘭的
愛丁堡市，劍橋大學畢業後，於一八八七年，應日本帝國工科大
學之聘，赴日講學九年。之後，一八九六年應台灣總督府之邀來
台協助，進行全台衛生工程及台北自來水建設的調查工作。
當時台灣地區的衛生狀況極為惡劣，巴爾頓親赴各地實地勘查，
並向總督府提出上、下水道設施建設先後順序意見，台灣自來水
設施以一八九六年開始的淡水水道工事為全台之首，而在台北完
成的下水道系統，係仿造法國巴黎的設計，之後日本的東京及名
古屋才相繼跟進。
巴爾頓之後在勘查台北新店溪水源時，卻染上惡性瘧疾與赤痢而
病倒，不幸在一八九九年病逝，享年四十四歲。由於其對台灣地
區公共衛生、自來水工程的貢獻極大，有台灣自來水之父的美
譽，《天下雜誌》曾將巴爾頓選為「對台灣最具有影響力二○○
人」中的一位。

（1905年），日人於台北龜山引新店溪支流南勢溪水源興建龜山水
力發電廠，為台灣電力發展的開端。之後陸續興建粗坑、竹門、
天輪、北山、大觀、鉅工等電廠，台灣光復時水力發電廠達28
所，裝置容量32萬餘千瓦，遠較當時火力發電廠裝置容量還來得
大。

■光復初期之水利（1945-1949年）

台灣光復初期，政府積極於短期內搶修戰爭損壞的水利設
施，並就原有興建中的工程，分期查勘，以利完成。至一九四九
年止，此期間共修復及新築堤防近64公里，丁壩278座，農耕面
積新增4萬公頃，自來水設施進行五年的整修，大約恢復至戰前

的水準。

■近代水利（1949年-）

水資源開發為經濟發展中不可或缺的重要基礎，自一九五三年開始的各期經濟發展計畫中，水資源開發均扮演了重要的角色，茲將各期經建計畫中水資源建設簡述如下：

(1)經建第一至第三期（1953-1964年）：

本期間經建計畫重點之一為增加農業生產，因此水資源建設的重點主要為石門水庫及其他灌溉工程的興建。

(2)經建第四至第六期（1965-1975年）：

本期間經建計畫的重點在擴大工業基礎、發展高級工業、促進經濟現代化來維持經濟穩定，本期重要的水資源建設有曾文及德基水庫，前者主要為提高農業生產，並發電提供電力，改善工業生產環境；後者則為改善電力供應，提高工業生產品質。

(3)經建第七至第八期（1976-1985年）：

經建第七期計畫（1976-1980年）的重點為提高能源使用效率，完成十項重要建設，第八期計畫（1981-1985年）則為持續經濟成長。本期重要的水資源建設有石岡壩、新山水庫、永和山水庫等各水庫的建設，另由於本期間環保及生態保育問題開始受到重視，水污染防治計畫亦於本期間積極推動。

(4)經建第九至第十期（1986-1990年）：

經建第九及第十期計畫重點在擴大公共投資以促進經濟發展，並加強環境污染防治。本期重要的水資源建設有寶山水庫、仁義潭水庫、翡翠水庫等建設，水庫的標的以公共給水為主，以

改善國民生活水準。

(5)國家建設六年計畫（1991-1996年）：

本期目標在重建經濟社會秩序，謀求全面平衡發展。本期重要的水資源建設有鯉魚潭水庫、南化水庫、牡丹水庫等，以增加水源供應，另執行河海堤工程六年計畫，全面改善防洪保護水準。

(6)跨世紀國家建設計畫（1997-2000年）：

本期總目標為建設現代化國家，促進永續發展。本期重要的水資源建設有新山水庫加高工程、南化水庫二期工程、高屏溪攔河堰及集集共同引水計畫等。

值得懷念的工程

二〇〇一年中國土木水利工程學會與其他學術及工程單位舉辦「尋找十大土木史蹟」活動，藉由尋找與保存台灣土木史蹟的活動中，了解土木水利工程對台灣地區民生的貢獻與其存在的價值。

在具有三十年以上歷史獲選的十大土木史蹟中，水利工程即佔了五項，包括瑠公圳（灌溉設施）、新店溪上游水力發電設施（水力發電）、烏山頭水庫（灌溉設施）、日月潭水力發電工程（水力發電）及霧社大壩（大壩）。

的確，在台灣四百年的開發過程中，水利工程絕對扮演了重要的角色，從早期埤塘蓄水、渠圳灌溉、到自來水工程提供乾淨的生活用水、防洪排水工程避免洪氾的損失、水力發電提供工業發展必需的能源等，水利工程與整體社會經濟環境密不可分。

在台灣的水利發展中，較具有特色且重要的工程介紹如下。

■烏山頭水庫與嘉南大圳

據歷史記載，早在荷蘭人占據台灣的時候，就曾在曾文溪的支流官田溪築堤蓄水，稱爲三腳埤。到了清朝康熙末年，諸羅知縣周鍾瑄助民修建三腳埤，並改稱爲烏山頭埤。當時規模不大，能夠灌溉的農田有限。之後日據時期，爲了解決嘉南平原灌溉水源的問題，台灣總督府派八田與一實地調查，他認爲如能將當時的官田溪貯水池修建爲一座大規模的蓄水庫，就可以解決嘉南平原農田用水不足的問題。因此於大正七年（1918年）提送官田溪埤圳計畫，主要工程項目包括：

(1)興建官田溪貯水池壩堤（即現今之烏山頭水庫）。

(2)開鑿烏山嶺隧道（即透過隧道從曾文溪越域引水到烏山頭水庫）。

(3)設置四個取水口，分別從濁水溪、曾文溪引水。

(4)設置給水渠道，共分爲幹線、支線、分線等約有1410公里，另有小給水線約7400公里。

(5)新增排水設施，用以排除灌溉餘水，改良土地，共約6000公里。

(6)設置防洪防潮設施，防止溪水氾濫及潮水淹沒，共約300多公里。

烏山頭水庫大壩高達51公尺，壩長1350公尺，大壩體積297萬立方公尺，蓄水量約1億7000萬立方公尺，完工當時是台灣第一大的水庫，而越域引水的隧道亦長達3108公尺。

嘉南大圳之父──八田與一

八田與一，日本石川縣人，生於明治十九年（1886年），畢業於日本東京帝大工科大學土木工學科。二十四歲時，被派到台灣參與工程建設，大正三年（1914年）升任總督技師，從事台南市自來水及下水道衛生工程、桃園埤圳的設計及監督等。

之後負責嘉南平原灌溉工程水源調查，烏山頭水庫與嘉南大圳，從探勘、設計、施工，均由八田與一親自參與，歷經十餘年的歲月，終於在昭和五年（1930年）完工，灌溉面積廣達十五萬甲，嘉南平原從此擺脫「看天田」的命運。

除工程外，他並設計三年輪作的方式，農家因而獲得公平的灌溉，使得土地更能合理的利用。

烏山頭水庫與嘉南大圳工程完工後，因二次世界大戰的原因，八田與一奉派前往菲律賓調查棉作灌溉計畫，其所搭乘的大洋丸於昭和十七年（1942年）被美軍潛艇擊沉，八田與一罹難，享年五十六歲。其骨灰後來被帶回台灣，經過了三次盛大的喪禮後，長眠於他親身參與建造的烏山頭水庫。

二次世界大戰結束前夕，八田與一妻子米村外代樹縱身跳入水庫內身亡，與八田與一合葬於烏山頭水庫。

現今嘉南農田水利會所管轄的烏山頭水庫有一座八田技師紀念室及其銅像，迄今每年的五月八日，嘉南農田水利會都會在烏山頭水庫舉行八田與一追思紀念會，緬懷其對嘉南平原的貢獻。《天下雜誌》曾將八田與一選列為「二○○位對台灣最具有影響力的人」其中的一位。

　　嘉南大圳分南、北幹線，北幹線自烏山頭水庫北行，跨越急水溪、龜重溪、八掌溪、朴子溪到北港溪南岸，灌溉範圍包括官田、六甲、柳營、新營、後壁、鹽水及下營等地，而南幹線則灌溉麻豆、善化、新市、新化等地。另從濁水溪林內、林中與重興

引水的圳道稱為濁幹線。

整體計畫自一九一六年開始調查規劃，至昭和五年（1930年）完工，共花了十餘年時間，從此嘉南平原由荒埔變為良田。

■日月潭水庫及發電工程

日月潭原本為台灣第一大天然淡水湖，湖泊面積約有5.75平方公里，蓄水量約有1830萬立方公尺，因北半部形如日輪，而南半部狀似月鉤，而稱為日月潭。

在日據初期，即有人提出日月潭水力發電的構想，一直到一九一七年，台灣電力株式會社向台灣總督府所提出的計畫書才詳列整個發電計畫。

由於日月潭的蓄水量無法達到發電要求，需要由濁水溪上游武界處設置武界壩，修築15公里長的隧道，越域引取濁水溪水流蓄於日月潭內，並且於周圍地勢較低處，建造水社及頭社二壩，使湖面面積擴增至7.8平方公里，蓄水量增加至1億4787萬立方公尺。

一九一九年開工，期間歷經日本關東大地震、歐戰不景氣等因素的影響，昭和九年（1934年）日月潭第一水力發電所（後改名大觀發電廠一廠）完工，裝置容量10萬千瓦，日月潭第二水力發電所（後改名鉅工發電廠）於一九三七年完工，裝置容量4.35萬千瓦。

二次世界大戰期間，此二電廠的發電設備都被美軍轟炸機炸毀，台灣於光復後積極修復。之後為配合大型基載電廠有效利用離峰電力，靈活系統調度，乃積極開發抽蓄式水力發電，於一九

八一年動工興建台灣第一座抽蓄水力發電廠，明湖抽蓄水力發電廠（後改名大觀發電廠二廠）係利用日月潭為上池，並於水里溪興建一蓄水量為790萬立方公尺的混凝土壩形成下池，利用上下池間309公尺的落差發電，於一九八五年完工，裝置容量100萬千瓦，為台灣當時裝置容量最大的水力發電廠。

第二座抽蓄水力發電廠明潭抽蓄水力發電廠於一九八七年開工，也是以日月潭為上池，於水里溪與頭社溪合流處興建壩高61.5公尺的混凝土壩作為下池，發電淨落差達380公尺，於一九九五年完工，裝置容量160萬千瓦，為台灣最大的水力發電廠，同時也是世界第四、亞洲第一的抽蓄水力發電廠。

■石門水庫

石門水庫的水源開發最早可追溯至清朝，根據《淡水廳誌》的記載，淡水同知曹謹（即曹公圳的創建者）曾倡議於大嵙崁後山的湳仔莊，開圳引水以灌溉中壢一帶，先因生番出沒，後因閩粵人不協調而作罷，當時曹謹所言即現今石門水庫的水源。日據時期，八田與一（即嘉南大圳及烏山頭水庫的創建者）在完成桃園埤圳灌溉系統後，曾擬定昭和水利計畫，預計在石門附近興建水庫，受限於當時的經濟與技術問題，終究無法如願以償。

台灣光復後，百廢待舉，振興農業為當時的施政重心，而興修水利是發展農業的首要考慮。當時桃園一帶雖有日據時期建造的桃園大圳提供灌溉水源，但供水量常感不足，且無法灌溉地勢較高的地區，於是有石門水庫規劃案的提出。一九五六年行政院成立石門水庫建設委員會，歷經八年的努力，於一九六四年完成

台灣地區第一座大型多目標水庫，除可提供北部地區可靠的灌溉與公共水源外，並兼具防洪與發電的效益。

石門水庫位於淡水河支流大漢溪（舊名大嵙崁溪）上，工程可概略分為八項：

(1)水庫：總容量3億1000萬立方公尺，有效容量2億3600萬立方公尺，滿水面積8平方公里，集水面積763.4平方公里。

(2)大壩：中央心層滾壓式土石壩，大壩高133公尺，壩頂長360公尺，為台灣第二座高度超過100公尺的高壩（第一座為一九五八年完工的霧社水庫，壩高114公尺）。

(3)溢洪道：設計最大排洪量每秒10000立方公尺，後提高為每秒11400立方公尺，並增建排洪量各為每秒1200立方公尺之排洪隧道兩條，使排洪量達每秒13800立方公尺。

(4)發電系統：裝置發電機二組，每組45000千瓦。

(5)河道放水口：圓形隧道長375.4公尺。

(6)後池及後池堰：後池容量220萬立方公尺，可供蓄積尖峰發電尾水，兼作溢洪道洩洪的落水池。

(7)石門大圳進水口：直立塔形結構，最大進水量每秒18.4立方公尺。

(8)桃園大圳進水口：箱型結構，最大進水量每秒18.6立方公尺。

石門水庫現可提供3700餘公頃的灌溉用水，公共用水供水量達每年2億2000萬立方公尺，發電量約2億度，尚有防洪、遊憩等功能，對台灣地區經濟社會方面的貢獻功不可沒。

■台北地區防洪計畫

台北盆地由淡水河的三大支流，大漢溪、新店溪及基隆河匯流期間，由於颱風期間淡水河洪水量極大，常使河槽狹窄的台北橋及關渡隘口段，無法宣洩洪水，因此每逢颱風時期，兩岸低窪地區經常氾濫成災。

淡水河系在日據時期即開始興建大稻埕堤防（淡水河）、圓山堤防（基隆河）、頂埔堤防（大漢溪）、新店堤防（新店溪）及川端堤防（新店溪），以後陸續興建堤防護岸，但由於台北地區工商業急劇發展，人口激增，為保護區域內人民的生命財產安全，政府自一九六〇年起即著手進行規劃「台北地區整體防洪計畫」，以期徹底消弭洪水災害。

台北地區防洪計畫自一九八二年開始分三期進行，歷時十五年，於一九九六年全面完成，計畫總經費高達1000億元。本計畫係採二〇〇年頻率洪水作為設計保護基準，沿淡水河及其支流兩岸興建堤防，但因台北橋隘口沿岸房屋密集無法拓寬，因此另開闢二重疏洪道，以分洪方法疏解新店溪及大漢溪的洪流。

台北地區防洪計畫工程內容包括：

(1)堤防工程：沿淡水河左岸興建三重、蘆洲堤防，沿大漢溪左岸興建新莊、西盛及樹林堤防，右岸興建板橋、土城堤防。沿新店溪左岸興建中原堤防及改建永和堤防，開闢二重疏洪道，以控制分洪水流。總計興建堤防60公里，水門39座。

(2)排水工程：興建排水幹線49公里，及興建鴨母港、四汴頭等抽水站總計29座，使板橋、中和、永和、三重、蘆洲、泰山、五股、新莊、樹林、土城等地區的排水狀況獲得改善。

(3)橋樑工程：除改建台北橋、中興橋、華江橋及浮洲橋外，另新建二重疏洪道橋及一○三線、一○八線與越疏洪道橋三座，使台北地區區域及聯外交通大幅改善。

本計畫完成後，不僅使得大台北地區包括三重、板橋等十市鄉鎮近12000公頃土地及500萬人口可獲得防洪保護，並使該地區內的排水獲得改善，堤後防汛道路寬度加寬，形成60公里外環快速道路網，大幅改善台北地區聯外交通狀況，另配合河道疏浚計畫的進行，使600公頃的高灘地可作為民眾休閒運動的空間，其所保留的大片濕地更維持了良好的生態保育環境。

台灣的水資源現況

台灣地區歷經先民胼手胝足、開疆闢土，才能有今日安居樂業的環境，尤其台灣光復後五十多年來，政府持續投入人力與經費，興修水利設施，以提供水源、電力及防洪等方面的功能，目前各項水資源建設歷年來的成果簡述如下，並列於表7-2。

■防洪設施

清朝時期，台灣即有不少防洪堤岸，如光緒七年（1881年）巡撫岑毓英辦理的大甲溪堤防。日據時期首先對淡水河、濁水溪等受災嚴重的地區實施臨時緊急搶修工程，之後則配合鐵公路交通建設，在橋樑架設地點上下游施行局部防洪工程，自一九二七年開始則按照治水計畫，大量興建堤防，日據五十年期間總計完成堤防419公里，受益田畝約12萬公頃。

台灣光復後，一九四七年至一九四九年間，政府迅速修復因

表7-2 台灣地區歷年水利建設成果

項目	成果	1956年	1976年	1981年	1985年	1990年	1993年	2002年
水庫	完成水庫(座)	12	25	31	35	40	40	40
	有效容量(億立方公尺)	3.3	17.9	18	18.6	19	19	21
水力發電	裝置容量(萬千瓦)	38	137	139	249	256	257	451
	發電量(億度)	17	43	48	69	77	60	58
公共給水	供水人口(百萬人)		8.9	12.6	15	17	18.1	20.1
	年用水量(億噸)		7	11	15	21	25	37
灌溉設施	渠道(千公里)		53.2	55.9	57.4	62.4	65.1	69.3
	水閘(千座)		26.9	20.9	21.5	19.8	20.5	17.8
	攔水堰(千座)		1.4	1.5	1.7	1.6	1.5	1.2
	灌溉面積(萬公頃)		45.6	44.6	44.5	43.9	40.1	37.4
防洪設施	河堤(公里)	468	1284	1406	1660	1843	2089	2592
	護岸(公里)	39	280	392	579	545	680	841
	丁壩(座)	1050	5869	6787	7356	7521	8302	-
海堤	現有(公里)		356	400	466	519	538	-
區域排水	排水路改善(公里)		232	782	1207	1566	1815	3282
	受益面積(千公頃)		19	69	95	116	138	175

資料來源:《水資源政策白皮書》

戰爭損壞的堤防,一九五○年至一九五七年間,將日人未完成的計畫分年籌措財源逐步實施,自一九五八年起進行河系的治理,即在河川上游實施水土保持工作,下游興建防洪設施。

由於防洪工程的重要性隨經濟發展、工商繁榮不斷提高,在一九七九年至一九八五年間施行的十二項建設中即將相關防洪工程列為第九項「修建台灣西岸海堤及全島重要河堤工程計畫」,並持續在一九八六年至一九九一年間的十四項重要建設中列入「繼續河海堤計畫」,在一九九二年至一九九七年間的國家建設六年計畫列入「河海堤後續六年計畫」。

至二○○二年底,台灣已有堤防2592.5公里,護岸841.5公

里，制水門1102座。

■農田水利設施

　　荷蘭人佔據台灣以後，爲了墾殖，即開始興築水利設施，台灣在明清時期二百七十年間共開發了1011處水利設施。日據時期的農業台灣政策，不僅於明治三十四年（1901年）頒布「公共埤圳規則」，將明清時期建設的私有埤圳收歸爲公共埤圳，並積極興辦效益較大的灌漑工程，如獅子頭圳、桃園大圳、嘉南大圳、白冷圳等，日據時期埤圳數由光緒二十六年（1901年）的69埤圳至一九二三年已增加爲150埤圳，灌漑面積亦由四萬餘甲增加爲22萬7000餘甲。

　　光復後接收的農田水利設施，灌漑面積約53萬8000公頃，其中僅約27萬5000公頃可以行使灌漑，至一九五二年歷經七年的復建期，全力修復及改善後使灌漑面積恢復至48萬公頃。

　　自一九五五年起，推行輪流灌漑制度以節省用水，並辦理渠道內面工鋪設以提高灌漑品質，較重要的工程有三星灌漑工程、關山大圳灌漑工程、太平渠灌漑工程等。水利組織亦有所變革，一九五六年合併農田水利協會及水利委員會爲農田水利會，經過多次演變改進的水利自治團體，對台灣農業生產及經濟發展，具有重大的貢獻。

　　至二○○二年，台灣地區17個農田水利會管轄灌漑區域內的工程設施，計有圳路近7萬公里，攔水壩1100餘座，水閘近18000座，灌漑面積37萬餘公頃，有人稱台灣地區幾百年來所開鑿水圳的總長度可以繞地球赤道一圈還有餘。

■水庫設施

台灣地區河川流量豐枯季節懸殊，為能提供穩定水源，蓄豐濟枯是必要的手段之一，從早期的陂、埤等至應用現代工程技術興建的水庫都是，水庫除了蓄水以提供給水、灌溉用途外，尚可發揮防洪、水力發電等功能。台灣地區最早有正式歷史紀錄的水庫為虎頭埤水庫，清道光二十一年（1841年），新化歐陽安於虎頭山麓築堰堤蓄水，以增加灌溉面積。台灣光復前所完成的水庫計有虎頭埤水庫、西勢水庫、烏山頭水庫、日月潭水庫、尖山埤水庫、鹿寮溪水庫、澄清湖水庫及蘭潭水庫等8座水庫。

光復後，為求增加灌溉及公共給水水源，陸續興建大型且多目標的水庫，如石門水庫、曾文水庫、翡翠水庫等，台灣地區現有水庫約40座（相關位置詳圖7-3，基本資料請參閱表7-3），總蓄水容量以完工當年計約有27億立方公尺，其中以曾文水庫容積最大，總容量約7.08億立方公尺，有效容量5.81億立方公尺。

■水力能源

台灣水力能源的發展開始於日據時期，一九〇五年日人於台北龜山引新店溪支流南勢溪水源興建龜山水力發電廠，為台灣第一座水力發電廠。之後陸續興建粗坑、竹門、天輪、北山、大觀、鉅工等發電廠，台灣光復時水力發電廠達28座，裝置容量32萬餘千瓦。

光復後，為配合經濟建設，需要大量電力，相繼完成立霧、龍澗、霧社、谷關、青山等水力發電廠，另於一九八五年完成明湖（大觀二廠）抽蓄水力發電廠，一九九五年完成明潭抽蓄水力

竹門電廠

竹門電廠，原稱為「竹子門發電所」，是日據時期明治四十三年（1910年）時完工，也是當時南台灣最早的發電廠。

竹門電廠設置的目的是為了因應台灣縱貫鐵路全線完工通車（明治四十一年四月全線通車）、開發地方產業及新市街建設時的用電需求。竹門電廠位於高雄縣美濃鎮的東南側，即荖濃溪與濁口溪匯流處下游，裝置容量為 2000 千瓦，發電後尾水尚可經由圳路灌溉 5000 甲的農田，充分發揮水資源的功效。由於極具有歷史價值，於一九九二年經內政部公告為第三級古蹟，在二〇〇〇年時停機關廠，使竹門電廠正式退出營運的舞台。

與竹門電廠同時期興建的水力發電廠有龜山電廠（1905年完工）及粗坑電廠（1909年完工），龜山電廠為台灣地區首座水力發電廠，但已於一九四三年除役，粗坑電廠現今仍繼續營運，是目前台灣地區營運中最古老的一座水力發電廠。

發電廠。台灣地區現有水力發電廠 11 處，裝置容量約 451 萬千瓦。

■自來水設施：

清光緒十一年（1885年），首任巡撫劉銘傳於台北開鑿深井供水，此為台北公共給水的開始。而現代化的自來水設施是由日據時代開始的，明治二十九年（1896年），台灣總督府聘請巴爾頓來台協助，進行全台衛生工程及台北自來水建設的調查工作。全台第一座自來水廠於一八九九年在淡水完工，台北則於一九〇九年取新店溪水源完成自來水供應，於前一年完工的唧筒室建築，現已開放參觀，成為全台首座自來水博物館。

自來水博物館

日人據台之初，因台灣地區衛生狀況不佳，疾病橫行，台灣總督府提出改善都市衛生問題的措施。一八九六年，聘請英國人巴爾頓來台協助衛生工程及自來水建設。

對於台北地區的自來水水源，巴爾頓先生建議在公館觀音山腳下新店溪畔設置取水口，以引取原水，並在觀音山麓設淨水場，進行淨水處理，再將處理過之清水，以抽水機抽送至觀音山上的配水池，藉由重力方式自然流下，供應住戶日常用水。

一九〇八年取水口、唧筒室建築與設備裝置先行完成，一九〇九年輸配水管、淨水場及配水池全面完工，淨水場開始供水。

台灣地區光復後，由於都會區人口成長快速，需另覓水源，選定在在新店溪上游直潭築壩貯水，引水至蟾蜍山淨水廠，遂廢棄有近七十年歷史的公館取水口。

一九八七年唧筒室完成「抽取原水、輸送淨水」的使命後功成身退，於一九九三年被內政部列為三級古蹟。

台北自來水事業處於一九九八年恢復唧筒室的原貌，並多方蒐集有關自來水歷史的照片及器材，成立全國首座自來水博物館，以「飲水思源」的方式為台灣地區自來水的發展作了歷史承傳的最佳註腳。

　　至一九四二年，全台計有水廠123處，日供水量近24萬噸，供水普及率達百分之二十二。台灣光復後，百廢待興，僅有搶修及復舊，自一九四九年開始正式而具有規模的自來水建設工程，一九六四年起開始進行數期的公共給水發展計畫，至二〇〇二年台灣地區供水普及率達百分之八十九，台北地區達百分之九十九‧五。

　　台灣地區於二〇〇一年各標的總用水量約為184.8億立方公

圖 7-4　台灣地區歷年（1976-2001 年）各標的用水量變化情形

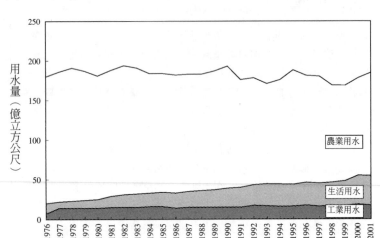

尺，其中農業用水占總用水百分之七十‧四，生活用水占總用水百分之二十‧二，工業用水占百分之九‧四。台灣光復之前，各標的用水甚少記載。一九五一年各標的用水量約為 100 億立方公尺，一九七一年增為 168 億立方公尺，一九七六年之後各年均有連續的記載。一九七六年至二○○一年各標的用水變化情形如圖 7-4 所示。生活用水因人口增加及生活品質提升而呈現穩定的成長，工業用水也呈現成長的狀態，雖然農業用水歷年來都占總用水量最大的比例，惟近年來已有逐漸減少的趨勢，但仍占有約七成。

　　二○○一年總用水量 184.8 億立方公尺中，其中由水庫調節的占總用水量百分之二十五‧九，河川引水占百分之四十四‧四，地下水抽用量占百分之二十九‧七。二○○一年各標的用水量及供水來源請參閱圖 7-5。供水來源仍以直接由河川引水占最

圖 7-5 台灣地區 2001 年水資源運用情形

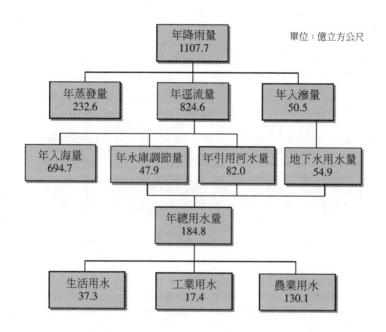

大部分，地下水用水量次之，但有超用現象，最能提供穩定水源的水庫是三個主要供水來源中最少的。台灣地區（包括澎湖）現有主要蓄水水庫約 40 座，其相關位置詳圖 7-3，相關資本資料如壩型、壩高、集水面積、蓄水量、功能等請參閱表 7-3。

水資源政策與未來方向

一九九七年經濟部水資源局成立後，有感於台灣地區水資源環境已大幅改變，水資源問題日趨複雜，為能滿足社會民眾的需求，並展望當前國際水資源發展趨勢，研擬具有前瞻宏觀的施政

表7-3 台灣地區40座水庫基本資料

水庫名稱	水源	位置	集水面積(平方公里)	總容量(百萬立方公尺)	壩型	壩高(公尺)	完成年份	功能
虎頭埤	鹽水溪	台南縣新化鎮	7.15	1.36	土石壩	15.0	1841	灌溉
西勢	基隆河	基隆市暖暖區	6.50	0.56	混凝土壩	26.0	1927	給水
烏山頭	大埔溪	台南縣官田鄉	60.00	171.19	土石壩	56.0	1930	給水、灌溉
日月潭	濁水溪	南投縣水里鄉	501.30	171.62	土壩	30.0	1934	給水、灌溉、發電、觀光
尖山埤	龜重溪	台南縣柳營鄉	1.03	8.11	土壩	30.0	1938	給水、灌溉
鹿寮溪	八掌溪	嘉義縣水上鄉	7.50	3.78	土壩	30.0	1939	給水
澄清湖	高屏溪	高雄縣鳥松鄉	2.88	5.30	土壩	6.0	1943	給水、觀光
蘭潭	八掌溪	嘉義市	30.00	9.80	土壩	77.3	1944	給水
龍鑾潭	保力溪	屏東縣恆春鎮	4.37	3.79	土壩	18.5	1952	灌溉
阿公店	茄苳溪	高雄縣燕巢鄉	31.90	45.00	土壩	42.0	1953	防洪、給水、灌溉
鹽水埤	溫厝郭溪	台南縣新化鎮	5.75	0.76	土壩	8.6	1955	灌溉
德元埤	龜重溪	台南縣柳營鄉	32.11	3.85	土壩	6.7	1956	灌溉
霧社	霧社溪	南投縣仁愛鄉	219.00	148.60	混凝土拱壩	114.0	1958	發電
大埔	峨嵋溪	新竹縣峨嵋鄉	100.00	9.40	混凝土壩	17.0	1960	給水、灌溉
谷關	大甲溪	台中縣和平鄉	707.56	17.10	混凝土拱壩	85.0	1961	發電
石門	大漢溪	桃園縣龍潭鄉	763.40	309.12	土石壩	133.0	1964	防洪、給水、灌溉、發電
白河	急水溪	臺南縣白河鎮	26.55	25.09	土壩	43.0	1965	防洪、給水、灌溉
明德	老田寮溪	苗栗縣頭屋鄉	61.08	17.70	土壩	35.5	1970	給水、灌溉
曾文	曾文溪	台南縣楠西鎮	481.00	712.70	土石壩	133.0	1973	防洪、給水、灌溉、發電
成功	港底溪	澎湖縣湖西鎮	1.36	1.08	混凝土壩	10.5	1973	給水
德基	大甲溪	台中縣和平鄉	592.00	255.40	混凝土拱壩	180.0	1973	發電
石岡	大甲溪	台中縣石岡鄉	1060.00	3.02	混凝土重力壩	25.0	1977	給水、灌溉
直潭	新店溪	台北縣新店市	706.00	4.20	混凝土壩	17.0	1978	給水
興仁	窪地	澎湖縣馬公市	2.27	0.68	混凝土重力壩	13.0	1979	給水
頭社	濁水溪上游	南投縣魚池鄉	5.13	0.34	土壩	12.0	1979	灌溉
新山	新山溪	基隆市	1.60	4.00	土壩	50.0	1980	給水
東衛	窪地	澎湖縣馬公市	1.30	0.19	混凝土重力壩	9.50	1980	防洪、給水、灌溉
鏡面	鏡面溪	台南縣南化鄉	2.73	1.15	混凝土壩	36.0	1981	給水、灌溉
永和山	中港溪	苗栗縣頭份鎮	4.80	29.58	土壩	62.5	1984	給水、灌溉
鳳山	東港溪	高雄縣林園鄉	2.75	9.20	土壩	39.5	1984	給水
寶山	上坪溪	新竹市大崎里	3.20	5.47	土壩	34.5	1985	給水
仁義潭	八掌溪	嘉義縣番路鄉	3.66	29.11	土壩	28.0	1986	給水、灌溉
赤崁		澎湖縣白沙鄉	2.14	1.28	混凝土堰	13.0	1986	給水、灌溉
翡翠	北勢溪	台北縣新店市	303.00	406.00	混凝土拱壩	122.5	1987	給水、發電
西安	窪地	澎湖縣望安鄉	0.82	0.24	重力壩	13.0	1987	給水
小池	窪地	澎湖縣西嶼鄉	1.05	0.19	土壩	16.0	1990	給水
七美	窪地	澎湖縣七美鄉	1.14	0.23	土壩	14.0	1991	給水
鯉魚潭	景陽溪	苗栗縣太湖鄉	53.40	126.12	土石壩	96.0	1993	給水
南化	後堀溪	台南縣南化鄉	104.00	158.05	土石壩	87.5	1993	給水
牡丹	牡丹溪	屏東縣牡丹鄉	69.20	31.40	土石壩	65.0	1995	給水、灌溉、發電

方針，因此制定我國第一部「水資源政策白皮書」。水資源政策目標訂為下列三項：

(1)維護自然生態環境，提昇國民生活品質，促進水資源永續利用。

(2)致力消減旱澇災害損失，確保人民生命財產安全。

(3)配合國土綜合開發規劃，合理調配利用水資源，促進經濟建設與區域均衡發展，奠定國家長期發展基礎。

而水資源政策規劃原則為：

(1)節流與開源並重，有效利用日益珍貴之水資源。

(2)生態保育與開發利用兼顧，避免造成不可回復之生態環境破壞。

(3)落實取水者付費，受限者得償與破壞者受罰，兼顧社會公平與正義，增進水資源合理利用。

二○○二年為促使水利機關事權統一及提昇行政效率，經濟部水資源局、經濟部水利處、台北水源特定區管理委員會等機關整併成立經濟部水利署，特別以「利水」、「治水」、「親水」、「活水」作為四大施政主軸，並以「促進水資源永續利用」、「致力削減旱澇災害損失」、「合理調配利用水資源」為水利施政目標。

■利水：合理有效使用水量，確保水資源穩定供應

(1)加速汰換老舊漏水輸配水管線，建立節水型社會。

(2)研頒累進式費率或旱季水價，確保低價供應維生用水。

(3)加強區域間供水支援能力，靈活調度水資源。

表7-4　台灣水利開發大事紀

時間	大 事 紀
1661	鄭成功復台。
1718	王世傑開墾竹塹埔，開鑿隆恩圳。
1719	施世榜完成施厝圳（八堡圳）。
1723	張達京以割地換水方式完成葫蘆墩圳。
1740	郭錫瑠召集佃戶開鑿渠圳，稱瑠公圳。
1838	曹謹開五里圳，於九曲堂引水灌溉，是為曹公舊圳。
1841	台灣第一座水庫──虎頭埤水庫完工。
1895	馬關條約，割讓台灣。
1899	台灣首座自來水廠在淡水完工。
1905	台灣首座水力發電廠，龜山電廠完工。
1930	烏山頭水庫、嘉南大圳完工。
1934	日月潭電廠完工。
1936	尖山埤水庫完工。
1944	蘭潭水庫完工。
1945	台灣光復。
1947	台灣省水利局成立。
1953	阿公店水庫完工。
1959	八月七日中部豪雨成災，房屋全毀27,466棟，農田淹沒37,000甲，死亡667人，災情慘重，舉國震驚，史謂「八七水災」。
1960	八月一日雪莉颱風襲台，豪雨成災，房屋全毀10,513棟，死亡102人，災情慘重，史稱「八一水災」。 波密拉颱風襲台，死亡158人，失蹤121人，房屋全毀11,692棟。
1961	歐珀颱風襲台，死亡失蹤80人，房屋全毀、半毀共21,146棟。
1962	葛樂禮颱風襲台，死亡224人，失蹤88人。
1963	台灣第一座大型多目標水庫-石門水庫完工。
1964	黛納颱風襲台，死亡失蹤62人，台東受災嚴重。
1965	《台灣水文年報》首輯出版。
1972	台灣蓄水量最大的水庫-曾文水庫完工。
1973	台灣壩高最高的水庫-德基水庫完工。

1973	台灣壩高最高的水庫-德基水庫完工。
1974	台北地區一期防洪工程完工。
1984	台灣第一座抽蓄水力電廠，明湖抽蓄水力發電廠完工
1985	翡翠水庫完工。
1987	琳恩颱風襲台，北部豪雨成災，死亡失蹤66人。
1988	台北地區二期防洪工程完工。
1989	莎拉颱風襲台，花蓮地區受災最重，死亡51人。
1993	鯉魚潭水庫完工。
	南化水庫完工。
1996	賀伯颱風襲台，豪雨成災，死亡失蹤73人，災情慘重。
	經濟部水利司與水資會合併成立經濟部水資源局。
1997	台灣省水利局與建設廳第六科合併成立台灣省水利處。
2001	桃芝及娜莉颱風襲台，共造成205人死亡及113人失蹤。
2002	為促使水利機關事權統一及提昇效率，經濟部水資源局、水利處、台北水源特定區管理委員會等機關整併成立經濟部水利署。

資料來源：《台灣地區水資源史》、《水利五十年》

(4)訂定各事業用水合理用水量範圍，發揮水資源最佳效益。

(5)建立迅速有效之抗旱機制，研擬限水配套措施。

■治水：推動流域綜合治水，降低淹水災害及損失

(1)加速整合防洪排水系統，妥善管理週遭環境。

(2)整體規劃流域土地利用，增加滯洪及雨水貯蓄設施。

(3)推動非工程治水措施，土地開發不得增加下游排水負擔。

(4)加速推動地層下陷防治，獎勵易淹水地區興建耐洪建築物。

(5)建構完善之防災、減災、避災及救災體系，落實災害防救教育演練。

■親水：落實河川環境改善，擴充近自然親水空間

(1)整合管理流域水土資源，維護河川流域水文循環。

(2)結合地方歷史文化、風土特色及民眾參與，建立親水文化。

(3)全面調查河川環境與生態，重建生態棲地之完整性及連續性。

(4)分區規劃河川空間，妥善劃設親水空間、緩衝區及生態保護區。

■活水：推動回收再生利用，促進水源供應多元化

(1)積極推動水的再循環、再利用與再生使用。

(2)推動人工湖、海水淡化及雨水貯蓄等替代水源措施。

(3)發展知識型水利產業，推動水利事業法人化及民營化。

(4)促進民間參與水利建設，活化水利事業經營。

另爲提昇各界對於水資源之關注，同時全方位審視台灣的水資源問題，經濟部水利署於二〇〇三年召開「九十二年全國水利會議」，以「永續的水環境」、「蓬勃的水經濟」、「快樂的水生活」及「前瞻的水政策」爲主題，以「以水爲本，疼惜台灣」爲大會精神，就當前最爲關切的重大問題與未來水利發展的創新性、前瞻性等課題，作爲會議討論題綱。

二〇〇二年及二〇〇三年接連兩年的旱象，再加上優良壩址難覓、民眾抗爭等因素，在多元水源開發的政策下，行政院在二〇〇三年十一月所提出的「新十大建設計畫」中便包含有人工湖計畫，目前選定雲林人工湖、台南人工湖及高屏大湖（吉洋人工

湖）等3座人工湖，除了可以增加蓄水以調節水源需求之外，也可以增加觀光及遊憩的資源。目前正積極推動的屏東吉洋人工湖，開發面積達700公頃，人工湖容量6500萬立方公尺，完成後每日供水量可達34萬噸，而雲林人工湖也進入規劃階段，面積更廣達1600公頃。屆時台灣西部平原除了綠油油的稻田外，還會有波光粼粼的湖泊，台灣的水會使台灣成爲「水水的台灣」。

台灣水資源的利用源遠流長，歷經了先民篳路藍縷、一步一腳印的開發，雖然過程艱辛，但也讓台灣有了這樣繁華富裕的成就，底下將介紹世界目前面臨的水危機及國際間水資源發展的趨勢，回顧台灣過往的發展及現在的處境，仔細思量未來該走的路，讓台灣永遠是「水水的台灣」。

參考書目

《九十二年全國水利會議大會主題報告》，經濟部水利署，2003。

《土木水利》（第29卷，第1期），〈土木史蹟作品〉，2002。

《土木水利》（第30卷，第2期），〈台灣的水資源環境〉，黃金山、田巧玲、程桂興、葛武松，2003。

《大地地理雜誌》（第165期），〈碧水悠悠瑠公圳〉，2001。

《中華民國九十年台灣水文年報》，經濟部水利署，2003。

《天下雜誌》（第200期），〈台北也有巴黎下水道〉，1998。

《天下雜誌》（第200期），〈讓水田川流嘉南平原〉，1998。

《水利五十年》，台灣省政府水利處，1997。

《水庫資料冊》，經濟部水利處，2000。

《水資源政策白皮書》，經濟部水資源局，1997。

《台灣地區之水資源》，經濟部水資源統一規劃委員會，1995。

《台灣地區水資源史》，〈日據時期之水資源開發利用〉，台灣省

文獻委員會，2000。

《台灣地區水資源史》，〈台灣之地理、地質、森林、雨量及河川特性〉，台灣省文獻委員會，2000。

《台灣地區水資源史》，〈民國六十六年迄今之水資源開發利用狀況〉，台灣省文獻委員會，2001。

《台灣地區水資源史》，〈光復至民國六十五年之水資源開發利用狀況〉，台灣省文獻委員會，2001。

《台灣地區水資源史》，〈明清時期台灣水資源之開發利用〉，台灣省文獻委員會，2000。

《台灣地區水資源史》，〈總述〉，台灣省文獻委員會，2000。

《台灣地區民國九十年各標的用水量統計報告》，經濟部水利署，2003。

《台灣地區近代土木水利工程技術發展之回顧與展望》，中國土木水利工程學會編著，2002。

《台灣的水庫》，黃兆慧，遠足文化公司，2002。

《台灣的古圳道》，王萬邦，遠足文化公司，2003。

《台灣農業史》，吳田泉，自立晚報社，1993。

《石門水庫營運四十年特刊》，經濟部水利署北區水資源局，2003。

《發現台灣（上冊）》，天下雜誌出版社，1992。

《節約用水季刊》（第14期），〈承先啟後、飲水思源（上）〉，1999。

《節約用水季刊》（第15期），〈承先啟後、飲水思源（下）〉，1999。

《嘉南大圳之父：八田與一傳》，陳榮周譯，前衛出版社，2001。

台北自來水事業處網站，http://www.twd.gov.tw。

台灣省自來水公司網站，http://www.water.gov.tw。

台灣電力公司網站，http://www.taipower.com.tw。

經濟部水利署網站，http://www.wra.gov.tw。

第 8 章

水的危機

　　人類利用地球的資源創造出精緻的文明的背後，同時也留下許多的問題。工業革命大量使用石化燃料所導致的全球暖化現象、人口增加及水質污染等因素，造成世界上許多人沒有乾淨的飲用水可用，未來應該何去何從呢？

　　台灣地區四周環海，水資源無須藉由其他國家供應，其他國家發生的水資源問題未必會在台灣地區發生。

　　但重要的是如何看待水資源的國際發展趨勢？如何借鏡別人的發展經驗來調整自己的發展腳步？這是落實「全球思考，本土行動」（Think globally, act locally）該有的態度。

水的危機與世界趨勢

自從地球上有了人類之後，文明就不斷地發展，知識的累積、科技的進步使得人類成為地球的主宰。檢視人類過去的發展歷程，有學者將發展與環境的關聯分為四個階段：

第一階段為一九五〇年代以前：發展就是經濟成長，經濟發展過程中並沒有把環境的問題考慮在內。

第二階段為一九五〇年代末期至一九七二年：由於體認到環境污染問題的嚴重性，發展就成為經濟成長與工業污染控制相結合。

第三階段為一九七二年至一九九二年：進一步的從污染控制擴展到整個環境的保護，發展成為經濟社會成長與環境保護的綜合體。

第四階段為一九九二年以後：環境與發展密不可分，環境為發展本身的要素之一，永續發展成為發展的核心觀念。

經濟的發展、物質的繁榮使得人類的生活水準日益提升，但隱藏在豐富的物質生活下的卻是鮮少為人所注意的環境問題。一九六二年，卡森（Rachel Carson，1907-1964）在美國出版了《寂靜的春天》（*Silent Spring*）一書，書中列舉了因為過量使用殺蟲劑而導致整個環境受到化學物質污染的大量事實，使得人類警覺到發展的另一面竟是破壞，人類在利用地球資源創造高度文明的同時也在毀滅提供人類發展動力的環境。

自此之後，人類開始體認到環境污染對生態系統所造成的傷害，不僅無法復原，而且受傷害的環境終究會傷害到人類自己。

世界上許多國家的政府也開始設立環境保護機構，以工業污染控制為中心的環境管理措施也逐漸推展開來。

一九七二年在斯德哥爾摩召開「聯合國人類環境會議」（UN Conference on the Human Environment），會中決議的「人類環境宣言」（Declaration of the UN Conference on the Human Environment）提出二十六條人類在環境問題上的共同原則與信念。一九八七年聯合國世界環境與發展委員會（World Commission on Environment and Development）所提出來的「我們共同的未來」（Our Common Future）指出世界上存在著急劇改變地球和威脅地球上生物存活的環境趨勢，同時也包括對人類生命的威脅，其所提出的永續發展（sustainable development）為「能滿足當代的需要，同時不損及未來世代滿足其需要的發展」。

一九九二年在巴西里約熱內盧所舉行的「聯合國環境與發展會議」（UN Conference on Environment and Development）（也稱為地球高峰會〔Earth Summit〕）則將永續發展的觀念具體化為行動綱領，會中制定的「二十一世紀議程」（Agenda 21）巨細靡遺地將全球社會經濟、資源保育與管理等方面的問題，及應該要達到的目標、行動方案等原則性的列出，以供世界各國制定符合各國國情的永續發展計畫，以作為二十一世紀國家發展的藍圖。

人類利用水資源已經有幾千年的歷史了，目前面臨了哪一些問題呢？全球關注的焦點又是什麼呢？水資源雖然不是危機四伏，但目前國際間關注的水資源危機可歸納為三個，一為水源缺乏（water scarcity）；二為水質（water quality）；三為與水有關的災難（water-related disasters）。

　　進入二十一世紀之後，全球人口增加極為快速，再加上生活品質的改善，自然使得用水量也迅速增加。水資源原本就有時間及空間分布不平均的不確定因素存在，因此必須利用人為措施加以調節，當水資源開發速度比不上用水增加的速度時，水源不夠的問題就會產生，據估計目前全世界約有四十個國家、二十億人口面臨水源缺乏的影響。水源的不足，自然而然的就會使用到受污染的水源，其中絕大部分的污染物都源自於人類不當的排放，據估計開發中國家約有一半人口使用受污染的水源，而使用受污染的水質很容易引發疾病。

　　另外，在一九九一年至二〇〇〇年的十年間，全球約有66萬5000人喪生於不同的天然災難中，而其中的百分之九十死於與水有關的災難，且大部分都發生在開發中國家，所以如何將發生災害的風險降低是未來極需解決的問題。為解決全球相關的水資源問題並尋求國際間的共識，近年來在國際上召開了許多次全球性的會議，較重要的國際會議與相關的成果列於表8-1，相關內容會在後面章節中簡述。

永續發展

　　「永續發展」一辭最早出現在一九八〇年國際自然保護同盟所制定發布的「世界自然保護大綱」（The World Conservation Strategy），因最初是由生態學領域發展出來的，當延伸至其他範疇時，如社會學、經濟學、資源管理等方面，便無可避免的加入了一些新的內涵。

　　傳統的發展指的是經濟領域的活動，其目標是產值與利潤的

表 8-1　水資源發展國際趨勢重要里程碑

時　間	會　議	地　點	成　果
1972	聯合國人類環境會議	斯德哥爾摩	人類環境宣言
1977	聯合國水會議	馬塔布拉塔	馬塔布拉塔計畫
1981-1990	國際飲水及衛生十年		
1990	九○年代安全飲水及衛生全球會議	新德里	新德里聲明
	兒童世界高峰會	紐約	兒童的生存保護及發展全球宣言
	國際減災十年		
1992	水與環境國際會議	都柏林	都柏林宣言
	聯合國環境與發展會議	里約熱內盧	里約環境與發展宣言、二十一世紀議程
1994	飲水供應與環境衛生部長級會議	諾德惠克	行動計畫
	聯合國人口與發展會議	開羅	行動計畫
1995	社會發展世界高峰會	哥本哈根	哥本哈根宣言
	聯合國第四屆婦女全球會議	北京	北京宣言
1996	聯合國人類居住會議	伊斯坦布爾	居住議程
	世界糧食高峰會	羅馬	羅馬宣言
1997	第一屆世界水論壇	馬拉喀什	馬拉喀什宣言
1998	水與永續發展國際會議	巴黎	巴黎宣言
2000	第二屆世界水論壇	海牙	世界水願景、聯合國千禧年宣言
2001	國際淡水會議	波恩	部長宣言
2002	永續發展世界高峰會	約翰尼斯堡	約翰尼斯堡宣言
2003	國際淡水年		
	第三屆世界水論壇	東京	世界水資源行動

資料來源：*Water for People, Water for Life*

成長、物質財富的增加，但在另一方面，發展必須耗掉地球上的資源及增加地球的環境承載力。因此，人類發展的極限就決定於地球上資源的多寡以及地球環境承載力的大小。很明顯的，地球雖然很巨大，但面積仍然是有限的，蘊藏的資源也就不可能無限制供應人類發展，在維持相對穩定的前提下，地球環境所能承受的人口及經濟規模也就有一定的限度。基於此一理念，人類的發展就必須保持在地球環境承載力的極限之內，也就是要維持地球環境的永續性。

其實中國早在春秋戰國時代已經就有永續發展的觀念了，例如，《逸周書》就有這樣的描述：「山林非時不升斤斧，以成草木之長；川澤非時不入網罟，以成魚鼈之長」；《論語·述而篇》也有這樣的記載「釣而不網，弋不射宿」。這些都是永續發展觀念的體現。永續發展由不同領域來闡述會有不同的看法，例如：

(1)**著重自然性**：保護和加強環境系統的生產和更新能力；

(2)**著重社會性**：生存在不超過維持生態系統涵容能力的情況下，提高人類的生活質量；

(3)**著重經濟性**：在保持自然資源的質量和其所能提供服務的前提下，使經濟發展的淨利益增加到最大限度；

(4)**著重科技性**：建立極少產生廢料和污染物的工藝或技術系統；

但不論從何種領域、何種層次來看永續發展，有一些基本原則是必須要顧慮到的，第一是公平性（fairness），永續發展應該是滿足整個世代，而不是只有少數人的需求；第二是永續性（sustainability），在滿足需求的同時也要有限制因素的存在；第三

是共同性（commonality），各國情勢不同，採取的措施互異，但實現永續發展的總目標應該是共同的。

「二十一世紀議程」是一九九二年在巴西里約熱內盧所召開的聯合國環境與發展會議所簽署的文件之一，是提供各國如何確實執行永續發展的工作藍圖，內容包括：

(1)全球社會經濟問題；

(2)資源保育與管理；

(3)加強各主要組織的功用；

(4)實施方法等四大部分，共四十章。

其中第十八章「保護淡水資源的品質和供應：整合式方法在水資源的開發、管理和利用上的應用」，所揭櫫的總體目標為「確保地球上的全體人口都能有足夠的良質水供應，同時能維護生態系水文、生物和化學功能的正常運作，在大自然承載能力的限度內調整人類活動，並防治與水有關的病媒」，其所提出來的七項計畫如下：

(1)整合式水資源開發與管理；

(2)水資源評估；

(3)水資源、水質和水生態系的保護；

(4)飲用水供應與保護；

(5)水與永續都市發展；

(6)永續糧食生產、鄉村發展的供水；

(7)氣候變遷對水資源的影響；

行政院為加強保護環境生態、保障社會公平正義、促進經濟發展、建設綠色矽島，以提升全民生活品質，追求國家永續發

展，於一九九七年將原有的「行政院全球環境變遷政策指導小組」擴編成為跨部會的「行政院國家永續發展委員會」。在歷經多次專家、學者及相關團體的討論，並參酌歷次全國性會議的重要結論，在二○○○年制定了「二十一世紀議程：中華民國永續發展策略綱領」，其內容以保護生態環境及天然資源的永續環境為基礎，經由有效的永續經濟為手段，創造出品質不段提升的永續社會，藉由此綱領的實施，經由教育、科技以開啟永續發展的動力，並透過民眾參與、政府改造及國際合作的機制，全面達到永續發展的目的。

其中有關水資源的重要發展項目包括：

(1)水資源開發、利用、管理及保育；

(2)水源水質保護；

(3)河川水質保護；

(4)污水下水道發展；

(5)地下水資源之保育與管理。

各個項目除了檢討台灣地區目前面臨的問題之外，並在發展的願景中訂定量化的目標，例如在水源的開發及利用方面，希望在二○一一年時能將工業及生活所需用水的可靠供水量由一九九六年的每年31億立方公尺增加至每年50億立方公尺，而總用水量能限制在每年不超過200億立方公尺的範圍內；在河川水質保護方面，未受污染河段能提昇至百分之七十，而嚴重污染河段能減少至百分之八；在污水下水道方面，具體目標為用戶接管率達到百分之三十五以上。

地球日、世界環境日、世界水資源日、國際淡水年

　　美國從一九六〇年代開始，各地日益嚴重的環境污染問題引起廣泛大眾的關注，環境保護的議題頓時風起雲湧，卡森的《寂靜的春天》一書中揭發殺蟲劑造成大量環境污染的事實之後，更推波助瀾的鼓舞了環保人士及團體的努力來保護地球的環境。在威斯康辛州尼爾森參議員（Gaylord Nelson）的極力奔走及鼓吹下，一九七〇年四月二十二日全美國約有兩千多萬人以聚會、演說、專題討論等不同的方式來表達他們對環境的關注，於是就在這一天誕生了第一屆的地球日（Earth Day）。這一股由民間凝聚而成的力量促使美國政府正視環境的問題，環境保護署（Environmental Protection Agency, EPA）也在這一年成立，之後陸續通過了清潔空氣法案（Clear Air Act）、水質改善法案（Water Quality Improvement Act）等，以維護更美好的環境，及保障大家能安全的使用身邊的資源。

　　地球日的活動至今已有三十三年，二〇〇三年的主題是「為健康的環境而行動」（Action for a Healthy Environment）。

　　一九七二年在斯德哥爾摩召開「聯合國人類環境會議」之後，聯合國為喚起人類對環境的關心並在不損及後代利益的前提下改善環境的品質，而在一九七二年成立聯合國環境計畫署（UN Environment Programme），並選定每年的六月五日為「世界環境日」（World Environment Day），期望藉由活動的慶祝讓更多人了解到良好的環境對人類的重要，並檢驗現實的環境狀態是否比以前有所改善。

圖8-1 2003年世界環境日的標誌

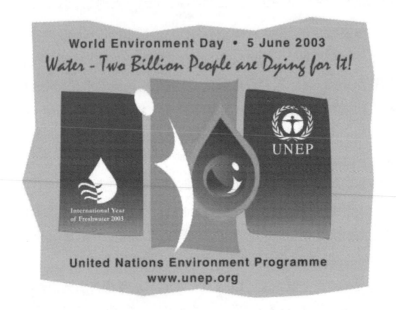

　　台灣在二○○二年十二月十一日所公佈實施的「環境基本法」也特別訂定六月五日為環境日。二○○三年世界環境日的主題為「水：二十億生命命在且夕」（Water: Two Billion People are Dying for It），圖8-1為二○○三年世界環境日的標誌。

　　二○○三年同時也是聯合國所選定的國際淡水年（International Year of Freshwater），因此標誌也並列於世界環境日標誌的左方。國際淡水年以一系列與水有關的主題來吸引人們的注意，並呼籲對水資源的保護，例如溼地、婦女在水資源管理的角色、水資源的未來趨勢、給水與衛生、水的衝突、非洲的水資源、水資源管理與沙漠化、水與原住民、水與都市等。

　　台灣雖然不是聯合國的會員國，但為響應國際淡水年的活動，由國科會、教育部、行政院國家永續發展委員會、農委會、經濟部水利署及時報文教基金會等單位共同主辦的「水水台灣：二〇〇三年科學周活動」，選定「永續台灣的挑戰──河川與海洋」作為主題，自八月二十二日起至十月十九日展示台灣地區水資源的相關資訊，並邀請知名作家及學者暢談「自然與人文的邂逅」，讓民眾真實體會科學探索、人文思想與生活空間的關聯。

　　一九九二年世界高峰會所擬定的二十一世紀議程中第十八章有關淡水資源的保護，主要是希望各國能關注飲用水的問題、提升民眾對保育水資源重要性的認知等，因此聯合國一九九二年決議自一九九三年開始每年的三月二十二日為世界水資源日（World Water Day），歷年世界水資源日均有特定的主題以彰顯水資源問題的焦點，二〇〇三年水資源日的主題為「未來之水」（Water for the Future），呼籲所有的人都能夠維護及改善淡水的質與量，使未來世代有足夠且安全的淡水可用，以達到聯合國所訂定的「千禧年發展目標」（Millennium Development Goal），其中的一項便是「到二〇一五年能使目前沒有安全飲用水的人口減半」。

　　一九九六年於法國馬賽成立的世界水資源委員會（World Water Council），此為一個國際性、非政府、非營利的水政策智庫，主要的目的在於確認當地、區域及全球嚴重的水資源問題，並喚起各級決策階層對此問題的重視，在永續的水資源管理理念下尋求共同的策略願景。為達成此一任務，世界水資源委員會每三年召開一次世界水資源論壇（World Water Forum），提供各國深入探討以尋求解決二十一世紀水問題的方法。

　　第一屆世界水資源論壇一九九七年在摩洛哥馬拉喀什（Marrakech）舉行，重要的成果爲提出「世界水資源願景」（World Water Vision），希望全球所有人類都能有足夠的水來滿足需求，並維持淡水生態系統的完整性。

　　第二屆世界水資源論壇於二〇〇〇年在荷蘭海牙舉行，以「將願景付諸行動」（From Vision to Action）爲主題，部長級會議訂出「海牙宣言」期望藉由分享水資源、減少洪水和乾旱等危機，以確保糧食生產及維護生態環境。

　　第三屆世界水資源論壇在聯合國選定爲國際淡水年的二〇〇三年在日本京都舉行，會中制定「世界水資源行動」（World Water Action），由於水是珍貴的有限資源，必須立即採取行動以保護及管理水資源，因此建議的行動方案包括水資源的發展必須要與能源、衛生、健康、農業、生態及生物多樣性相結合，水資源管理者必需了解氣候變遷對水資源的影響，並能使人類減少旱澇所帶來的損失等。

3R策略

　　未來人類的生活型態會是什麼樣子呢？其實這是掌握在我們這一代的手中，科技再進步、文明再發達，人類未來仍然無法不需要使用水。如果這一世代不珍惜水資源，恣意浪費，可以預見下一世代將會鎭日爲水憂煩，水將成爲社會進步最大的障礙。既然了解水資源不是「取之不盡、用之不竭」的資源，許多專家也都預言水的危機不再是書本上遙不可及的理論，而是隨時可能降臨在我們身上的夢魘。

　　永續發展是人類共同追求的目標，要達到此一目標靠的不是口號，而是要有具體的作爲，才能使地球的未來成爲一個美麗的新世界。各國社會經濟情勢不一樣，所面臨的問題也不一樣，解決的措施也各異，但可歸納爲以下三個方式，一爲減量（reduce）；二爲回用（reuse）；三爲復原（recover），都是以R字開頭，因此簡稱爲「3R策略」，簡述如下：

　　(1)減量：減少水資源的使用量，藉由個人的節約用水習慣、家庭及機關節水器材的使用、工業製程節水技術的研發及節水觀念的宣導，以達到珍惜水資源的目的。

　　(2)回用：回收及再利用水資源，對於廢污水不僅僅是處理至環境可以涵容的程度即排放，而是更積極的以回收、處理、再利用的程序使用水資源，以提昇水資源的利用效率來減緩水資源的開發壓力。

　　(3)復原：恢復水環境的原貌，對於已遭受污染的水源、如河川、地下水、湖泊等，能根除污染源，進而保育水域環境，增加可利用的水源及維持水域生態環境的完整性。

未來的水

　　人類利用水資源的歷史已經有數千年了，與數千年前的情況相比較，地球的整體環境已經大不相同，改變的包括自然環境因爲人類利用工程措施蓄水及在不同流域間越域引水所產生的河川流量的變化、因人口增加而須增產糧食導致農作土地面積的大幅增加、用水量的增加導致不同用水標的間對爭奪有限水源的衝突不斷增加等等，整體的改變不僅只有自然環境的層面，經濟的層

面、社會的層面也都與過往有很大的不同。而不變的是人類對水資源的依賴，過去及現在如此，未來一樣需要依賴水資源。

但是地球上存在的水量幾千年來幾乎是不變的，容易開發且未遭受污染的水源大多數已被開發，因此未來的水資源規劃、開發與管理必須要有新的思維，藉助新的科技，以整合不同領域的方式全盤考量經濟、社會、環境等因素，才能克服新的挑戰。

二十世紀末世界各國所認同的「永續發展」將會是二十一世紀人類發展的終極目標，而能達到此一目標的永續水資源系統應能完全的滿足現在及未來社會的標的，而同時能維持生態、環境及水文的完整性。不論採取何種方法來達到這個目標，下列這些原則都應該被遵守：

(1)滿足人類基本的飲水及衛生需求；

(2)滿足生態系統所需的水源；

(3)優先考慮非工程性的替代方案；

(4)水資源的使用與管理應該考慮經濟性原則；

(5)新的給水系統必須有良好的適應性且是高效率的；

(6)非政府組織、個人、獨立研究團體都應該包含於水資源管理的決策機制內。

水資源不應該再被視為取之不盡、用之不竭的資源，未來也不可能再以人定勝天式大規模的工程設施來滿足持續不斷增加的用水需求，反而應該從需求管理及用水效率方面著手進行，以保護日亦珍貴的水資源。二十世紀科技的昌明使得二十一世紀的水資源規劃、開發與管理將更依賴各項科技的使用，例如水的再生利用，如澆灌、洗車等用途的次級用水無須高品質的自來水，回

收水再處理就可以達到這個目的，因此更有效率、更經濟的水處理技術的研發就愈顯重要。

更有效率的給水系統需要更精細的電腦演算最佳的配水系統佈置，而漏水管路的偵測也需要精密的偵測儀器。地理資訊系統（Geographic Information System, GIS）配合遙感探測的建置，不僅可以即時的監測自然環境的變化，以了解如土石流等潛在災害發生的可能性，對於救災路線的擬定及避難場址的選定都有絕佳的幫助，但此必須有遙測衛星、雷達接收站及空間地形資料的建置及分析等設備的輔助。

台灣地區的洪水災害多半由來得急、去得快的豪大雨所造成的，因此精確的量化降雨預報就成為防災體系中重要的關鍵，要達到此一目標，先進的氣象觀測設備及精密的氣象模擬研究則少不了。

災害的發生都有既存的風險，若能以積極主動的態度事先縝密評估災害可能發生的情況、影響的層面及檢討實施預先制定因應措施的執行成效等，以「風險管理」而非「危機管理」的方式來面對災害，相信對災害損失的減少會有實質的幫助。

對於水域生態環境的保護，近來有學者提倡「生態永續水資源管理」來降低水利設施對水域生態環境的負面影響，也就是說人類不論以蓄水或引水的方式來滿足對水需求，都能維持或回復受影響系統的生態完整性。

二十一世紀的水資源規劃、開發與管理將比過去任何一個時代來的複雜，不僅是面對的問題複雜，位處多變的環境及許多相互衝突但必須考慮的因素，都使得傳統的方式必須加以改善並配

合新的思維方式及科技，才能有效的解決問題，保護地球環境，使人類的文明發展永續不斷。

結語

　　人類歷經了數千年與大自然搏鬥，學會善用水資源以發展農業及工商業等，也知道如何躲避及克服旱澇災害，科技文明的發展不僅創造了繁華富裕的經濟榮景，也使人類成為地球的主宰。但是人類在發展的同時也衍生了許多問題，例如過度的開發已侵害到未來世代的發展空間、環境的污染使得人類自己本身也受害。

　　一九六○年代風起雲湧的環保運動，使得人類深切體認到發展與環境必須要同時兼顧，大自然的力量是不可輕忽的，今天對環境的破壞，也許就是明日的災難。二十世紀末永續發展觀念的提出，使得人類在山窮水盡的時候，柳暗花明的出現了曙光，但是永續發展並不只是美麗的口號而已，必須將願景付諸於行動，才能使得地球的未來成為美麗的新世界。

　　水資源亦然，過去人定勝天式的大規模開發，在進入二十一世紀之後必須在永續發展的前提下，尋求天人合一、能兼顧環境保護與經濟發展的雙贏策略，才能讓這無可取代的水資源，繼續作為往後世代發展的資源。

參考書目

《永續發展導論》，李公哲主編，教育部環境保護小組，1998。
《科學月刊》（第365期），〈防救災的地理資訊系統科技〉，周天

穎、雷祖強, 2003。

《科學月刊》（第365期），〈新世紀最嚴峻的天氣預報挑戰〉，陳泰然，2003。

《科學月刊》（第365期），〈遙測衛星：國土監測好幫手〉，陳良健，2003。

行政院國家永續發展委員會網站，http://ivy2.epa.gov.tw/nsdn。

Ecological Applications, (Vol.13,No.1)Ecologically Sustainable Water Management: Managing River Flows for Ecological Integrity, Richter, B. D., et al., 2003。

EPA Journal, The Spirit of the First Earth Day, Lewis, J., 1990。

Our Common Future, World Commission on Environment and Development, Oxford University Press, 1987。

Silent Spring, Carson, R., Houghton Mifflin Co., 1962。

Water for People, Water for Life: The United Nations World Water Development Report, UNESCO, 2003。

Water International, (Vol.25, No.1) The Changing Water Paradigm: A New Look At Twenty-first Century Water Resources Development*, Gleick, P. H., 2000。

Water International, (Vol.25, No.1) Sustainable Water Resources Management, Loucks, D. P., 2000。

Water Resources Environmental Planning, Management, and Development, Biswas, A. K., McGraw-Hill Inc., 1997。

科學新視野 **1**

億萬又億萬：卡爾・沙根的科學沉思與人文關懷
Billions and Billions: Thoughts on Life and Death at the Brink of the Millennium

卡爾・沙根／著　丘宏義／譯　定價360元

　　本書是卡爾・沙根的最後著作，結集了沙根過去所寫文章中最精華的部分。在本書中沙根應用了我們對科學、數學，及太空的知識，來探討人生的問題，及許多關於環境及我們未來的重要問題。題材之廣闊，把我們帶到智識的上空翱翔，從棋戲的發明到火星上是否可能有生物，從週一夜的足球賽到美俄間的關係，從全球溫室效應到人工流產的辯論等等。

　　在另一篇描述個人思潮的親切小文中，我們看到作者內心最隱密的一面、看到他為生命而戰、看到他心愛的家庭的一面，看到他個人對死亡及上帝的觀點。

　　卡爾・沙根（Carl Sagan）生前為康乃爾大學天文暨太空科學系的大衛・鄧肯講座教授，及該校行星研究中心的領導人。美國太空總署水手號、航海家號及維京號等無人太空船的太空計畫顧問。他製作的電視影集《宇宙的奧祕》(Cosmos)全球計有五億人收看過，其同名書籍高踞《紐約時報》暢銷書排行榜達七十餘週之久。一生創作三十餘本書，其中《伊甸園之龍》(*The Dragons of Eden*)曾獲得一九七八年的普立茲獎；《接觸未來》(*Contact*)亦被改編成同名電影。

科學新視野 **2**

移民火星：紅色星球征服計劃
The Case for Mars: The Plan to Settle the Red Planet and Why We Must

羅勃・祖賓&理察・華格納／著　張玲／譯　定價360元

　　在關於火星的熱烈討論裡，羅勃・祖賓的《移民火星》風靡了整個美國。他的論證清晰扼要，相對於NASA的政策，祖賓博士提出他的獨特概念：「就地取材」。火星上豐富的資源，以及和地球頗為類似的環境條件告訴我們，火星的開拓不再是遙不可及的未來夢想。

　　祖賓博士也大膽地建構出將火星改造為適合人類居住的工程藍圖。將火星「地球化」的構想引起了相當大的爭議，甚至促使人們反省人類在宇宙中的地位問題：我們是宇宙中唯一的生命嗎？在其他的星球上可能有生命存在嗎？而生命的定義又是什麼呢？當然，對於世界經濟開發的燃眉之急，這話題似乎更引人側目……。

　　羅勃・祖賓（Robert Zubrin），洛克希德馬丁前資深工程師，「前鋒太空旅行」的創辦人，這是一個太空探勘研發公司。他目前是國家太空協會執行委員會的主席，公認為全美火星旅行理論的領導者。理察・華格納(Richard Wagner)，全國太空協會期刊Ad Astra的前任編輯。

語言本能：探索人類語言進化的奧祕

The Language Instinct: How The Mind Creates Language

史迪芬・平克／著　洪蘭／譯　定價450元

　　這本《紐約時報書評》評爲「令人讚嘆、充滿風趣，及無懈可擊的書」，是所有使用語言的人該看的書。史迪芬・平克是舉世聞名的心理語言學家。在本書裡他強調：語言是大腦先天存在的一個配備，就像蜘蛛天生就會結網一樣；語言學習是語言本能的結果，而不是原因。

　　透過日常生活中的有趣例子，平克探究了有關語言的所有問題：包括語言的運作、計算、改變、演化；嬰兒是如何牙牙學語的；普遍語法的存在證據；洋涇濱語言的演變；語言藍圖的主宰性……。或許有一天，生物技術眞能找到存於腦海裡的文法基因、語言基因。

　　史迪芬・平克（Steven Pinker），爲麻省理工學院教授、認知神經科學中心主任；他的研究曾獲得多種獎項。平克是公認繼喬姆斯基之後的語言學天才，他也是世界語言學與心智科學的領導人物。《語言本能》甫出版，立即登上《紐約時報》暢銷書榜；同時也奠定了平克在麻省理工學院的地位。

揭開老化之謎：從生物演化看人的生命歷程

Why We Age: What Science Is Discovering about the Body's Journey through Life

史蒂芬・奧斯泰德／著　洪蘭／譯　定價300元

　　人類最長可以活到多少歲？軼史記載爲150歲，但證實爲假。許多科學證據顯示人類最長活不過120歲。人爲什麼會老化？但在了解此問題之前，我們有必要先了解我們的身體如何老化，乃至最終死亡。

　　史蒂芬・奧斯泰德博士在本書中，以他的專業知識和生花妙筆，從演化生物學、比較動物學、人類學和基礎醫學等領域，帶領我們觀看老化的過程和科學發現，以及駁斥當代許多關於預防老化的種種療法。當然他也提出了符合科學觀點與人體健康的健康長壽方法。本書以其精湛切身的論述，爲國內學者大力推薦，並榮獲1998年《中國時報》年度十大好書。

　　史蒂芬・奧斯泰德（Steven N. Austad），愛達荷大學動物學教授暨華盛頓大學醫學院教授。他是老化領域的頂尖專家，也是美國公視的科學顧問。定期於《科學美國人》和《自然歷史》等雜誌上發表文章。

穿梭超時空

Hyperspace: A Scientific Odyssey Through Parallel Universes, Time Warps, and the 10th Dimension

加來道雄/著　蔡承志、潘恩典/譯　定價360元

在我們身處的三次元空間之外，還有其他更高次元的空間存在嗎？我們可以改變過去嗎？有通往其他平行宇宙的通道嗎？我們都曾思考過這個問題，但有很長一段時間，科學家視這些觀念如敝屣，難登科學殿堂。如今，研究高等次元空間（超空間）已經成為科學界的研究焦點之一。

在本書中，作者以輕鬆幽默的平易之筆，帶領讀者進入這個最讓人興奮的現代物理研究，一窺第十次元、時間彎曲、黑洞、平行宇宙、時間之旅和宇宙崩墜之時，人類的最後出路。《紐約時報書評》稱讚本書為：「近期同類型書種中最好的一本……一趟震撼您想像力的科學驚奇之旅，不可思議。」

加來道雄（Michio Kaku），紐約州立大學理論物理學教授。哈佛大學畢業，加州大學柏克萊分校物理博士。著書《超越愛因斯坦》(*Beyond Einstein*)、《量子場論》(*Quantum Field Theory*)和《超弦入門》(*Introduction to Superstrings*)。過去十年當中，他每週也主持一個一小時長的電台科學節目。

預知宇宙紀事

The Whole Shebang: A State-of-the-Universe(s) Report

提摩西・費瑞斯/著　林淑貞、林宏濤/譯　定價320元

哥白尼告訴我們，人類以及這微小的星球不是宇宙的中心。克卜勒把哥白尼的圓形太陽軌道修正為橢圓形的。伽利略又加上慣性定律，使星球在虛空中周行不息。牛頓從墜落的蘋果演繹出萬有引力，建立了古典物理學，以及受自然律支配的規律宇宙。愛因斯坦用狹義相對論推倒了牛頓的蘋果車，想像一個四度的空間或時空的連續函數，在那裡，兩點的最短距離是條曲線。

就在這時候，波爾和普朗克看到另一個瑰麗的世界，在奇詭的量子力學裡，粒子在同時間可以在不同的地方振動。

在我們這一代，霍金透視到黑洞的奇蹟，粉碎了愛因斯坦的理論。在《預知宇宙紀事》裡，著名的科普作家費瑞斯，透過探討宇宙起源之謎，預測了未來的宇宙論。

提摩西・費瑞斯（Timothy Ferris），著名的科學作家，NASA的顧問，在四所大學任教，是加州柏克萊大學的榮譽教授。曾獲美國物理研究院、美國科學促進協會諸獎。他的著作曾提名國家圖書獎和普立茲獎。本書並榮獲《紐約時報》一九九七年年度最佳圖書。

致癌基因之謎

Curing Cancer: Solving One of the Greatest Medical Mysteries of Our Time

麥可‧瓦德霍茲／著 莊勝雄／譯 定價320元

近年來，基因的爆炸性發現改變了我們對癌症的了解，也燃起癌症終極療法的希望。第一次，科學家開始回答這個問題：致癌的原因為何？本書作者，深入這個劃時代研究的前線，帶領讀者進入這些追獵癌症療法的男女科學家背後迷人的故事。

在這些科學家中，伏吉史登的巴爾的摩實驗室首次發現p53基因的抑癌力量，而強化了這樣的理論：癌症首先出現於單一細胞。金恩則發現了癌症會遺傳，改變乳癌的研究方向。史柯尼克的實驗室則發現了乳癌基因一號與二號，解釋了每1/10的乳癌患者得病的原因，並更進一步指出早期發現、預防和治療乳癌的方法。

癌基因的突破性研究固然部分歸功於科技的重大進展，也來自於這些科學家對科學追求的好奇心，他們對名利的野心，以及他們想要改變這個世界的真誠願望。

麥可‧瓦德霍茲（Michael Waldholz），普立茲獎得主，目前是《華爾街日報》健康與科學版記者兼副主編。曾與傑利‧畢夏普（Jerry Bishop）合著《基因聖戰》（*Genome*）。他現在定居於美國新澤西州蒙克來爾市。

神奇的 π

The Joy of π

大衛‧布拉特納／著 潘恩典／譯 定價260元

本在所有數值中，最還思引人的數值，就是圓周除以直徑的比率。圓周率 π 是個無窮無盡的數；你看過《神奇的 π》後，還會發現它也是個奧妙無窮的數。本書作者以他深厚的歷史素養和幽默的筆觸，帶大家從各個角度欣賞圓周率。此外，書中也介紹了人類鑽研圓周率的歷史——從古埃及人，到阿基米德、達文西和現代的楚氏兄弟；這對兄弟曾以自行拼裝的電腦，計算出有八十億個小數位的圓周率。

《神奇的 π》內容包羅萬象，文筆風趣。其中包括了圓周率的歷史，和一些沈迷此道者的趣事。書中也蒐錄了教你背誦有數百個小數位的圓周率的記憶詩；還有和圓周率相關的漫畫、詩、打油詩。如果你是個「數字迷」，本書也為你準備了有一百萬個小數位的圓周率。《神奇的 π》就像是圓周率的大觀園。看完本書後，你將會發現，這個貌不驚人的符號原來這麼奧妙有趣。

大衛‧布拉特納（David Blatner），國際知名的電腦書籍作家，他曾出版過七本書，介紹數位影像、虛擬實境和其他主題。他也常在學術會議和研討會上發表演講。目前他住在華盛頓的西雅圖。

馴鹿為什麼會飛：透視科學稜鏡下的聖誕神話

The Physics of Christmas: From the Aerodynamics of Reindeer to the Thermodynamics of Turkey

羅傑・海菲德／著　莊勝雄／譯　定價340元

　　伯利恆之星究竟是天上的那一顆星星？聖誕老人怎麼能夠在短短的一夜之內，把全部的禮物送到估計多達八億四千二百萬個家庭手中？多次獲獎的科技新聞記者海菲德，扮演導引精靈的角色，帶著讀者們探索聖誕佳節的點點滴滴，包括聖誕節的多種儀式和具有象徵意義的人物與圖像。海菲德引用化學、數學、基因學、人類學、物理學、心理學和天文學的最新研究報告，一一探討這些問題：馴鹿真的會飛嗎？雪花是怎麼形成的，如何做才能保證每一年的聖誕節都是白雪紛飛的「銀色聖誕」？為什麼很多人不喜歡吃聖誕大餐中的甘籃菜？聖誕老人為什麼會這麼胖？過完聖誕節後為什麼會沮喪和憂鬱？《馴鹿為什麼會飛》是一次令人難以抗拒的導引之旅，是一次充滿智慧的研究調查，不但令人覺得愉快，更能增長知識。

　　羅傑・海菲德（Roger Highfield），倫敦《每日電訊報》科學編輯。在牛津大學主修化學，並取得哲學博士學位。他和另外三位作者合著了三本暢銷書，包括《時間之箭》（*The Arrow of Time*）、《愛因斯坦的私生活》（*The Private Lives of Albert Einstein*）和《複雜領域》（*Frontiers of Complexity*）。海菲德曾經獲頒多項新聞獎，目前住在英國的格林威治。

神聖的平衡：重尋人類的自然定位

The Sacred Balance: Rediscovering Our Place in Nature

大衛・鈴木＆阿曼達・麥康納／著　何穎怡／譯　定價300元

　　人類想要活得豐富、充實，真正的需求是什麼？在《神聖的平衡》裡，鈴木教授對人類的基本需求提出了大膽的另類看法。

　　本書開宗明義指出人類是大地之子，仰賴空氣、水、土壤與太陽所賜予的能源。由地球萬物所編織而成的生命網絡，讓生物圈有了生氣。身為社會性動物，人類絕對需要愛，缺乏了愛，我們會身心受創。最後，人類還有靈性的需求，它深植於自然中，我們在其中求得性靈的提升與歸屬感。本書提供了「重尋人類自然的定位」之道，教導人們如何與周遭世界和平相處。

　　大衛・鈴木（David Suzuki）為享有盛名之科學家與環境保護論者。他是加拿大廣播公司廣受歡迎的電視帶狀節目「事物的本質」（The Nature of Things，全球有68個國家播放）的主持人。鈴木得過許多的科學研究獎章，十二個榮譽博士學位，在地球永續經營領域裡，是公認的領導人。

108個改變歷史的偉大發明

The Greatest Inventions of the Past 2000 Years

約翰·布洛克曼／著　潘恩典／譯　定價200元

　　什麼是兩千年來最偉大的發明？原因何在？一些世界頂尖的科學家、最具原創性的思想家，和幾位諾貝爾獎得主，都在本書中思考這個頗值得玩味的問題。他們的答案或許會讓你大吃一驚。本書不但以生動有趣的方式介紹科學和創意，更要帶您一窺當今最偉大的思想家的想法。值得一提的是，本書以十五種語言版本全球發行。

　　《108個改變歷史的偉大發明》中包括了一些大家公認的偉大發明，如電腦和活版印刷（但談到這些發明對文明的影響，這些思想家卻另有一番獨到的看法），也有一些出人意料之外的答案，如印度-阿拉伯數字系統、透鏡、古典音樂和橡皮擦。科技和發明家對生活和世界的影響有多大？《108個改變歷史的偉大發明》將帶各位深入探討這個問題。

　　約翰·布洛克曼（John Brockman），為布洛克曼公司（Brockman,Inc.）、EDGE網站（www.edge.org）的創辦人，也是書籍和軟體版權經紀人。布洛克曼同時也是一位作家，編著共有十九本書。現居紐約。

森林的故事

The Trees in My Forest

伯恩·韓瑞希／著　邱玉玲／譯　定價300元

　　自然學家伯恩·韓瑞希在緬因州的赤楊河畔買了三百多畝的森林，在森林裡建造了兒時魂縈夢牽的小木屋。在這片土地上，韓瑞希成了森林裡的偵探家與藝術家。

　　曾獲多次獎項肯定的韓瑞希，以細膩的筆調，將豐富的科學知識，和原始森林壯闊、雄偉、繽紛的景象，縮影在赤楊河畔玫麗的景致中，讓我們有機會以生命為師，領略大地的富饒與恩賜。韓瑞希是一位知名的科學家，但他的文章卻如詩人般優雅、充滿力量，憑著這項天賦，韓瑞希將森林的生命輪迴清晰地展露在你我眼前；在此同時，韓瑞希進一步地闡述了人類、樹木、鳥類、昆蟲，以及森林中所有生物之間微妙而重要的聯繫與平衡之道。

　　伯恩·韓瑞希（Bernd Heinrich），佛蒙特大學的生態學教授。出版過多本著作，作品曾兩度入選美國國家讀書獎（科學類），他的作品有《緬因森林一年記》（*A Year in the Maine Woods*）、《冬天的烏鴉》（*Ravens in the Winter*）、《某人的貓頭鷹》（*One Man's Owl*），以及《熊蜂經濟學》（*Bumblebee Economics*）。

科學新視野 **13**

風：改造大地、生命與歷史的空氣流動
Wind: How the Flow of Air Has Shaped Life, Myth and the Land
珍・德布里歐／著 呂文慧／譯 定價340元

　　風的面貌善變莫測，連名字也千變萬化。沒有其他自然力，能像風這樣塑造出大地的千山萬水，撫育其間的萬物生靈，並影響人類的文明進展。風對人類的歷史和心靈，產生無比深遠的影響。風存在於我們每個人生命中的每一天；但是，我們除了把風看成天氣當中的一部分，鮮少有人對風寫過專書。

　　有鑑於此，珍・德布里歐在《風》一書中，以詩人的感性口吻和科學家的理性眼光，探討風這個迷人的自然力，描寫幾個空氣分子的碰撞如何引發宗教的誕生、新大陸的發現及帝國的毀滅。

　　德布里歐造訪位於華盛頓山頂峰的天氣觀測站，體驗全世界最快的風速；她到愛荷華州，訪問在致命龍捲風中倖存的生還者；她乘滑翔翼飛越北卡羅萊納州的外灘群島；登上俄勒崗州的沙丘、猶他州的岩層……。她行遍各地，只為了探索風既溫柔卻又可怕的多重面貌。

　　台灣大學大氣科學系許晃雄教授專文推薦。

科學新視野 **14**

分子博覽會：輕鬆瞭解生活中的化學物質
Molecules at an Exhibition: Portraits of Intriguing Materials in Everyday Life
約翰・艾姆斯利／著 莊勝雄／譯 定價360元

　　自從化學在十八世紀萌芽以來，已有幾百萬種分子被發現。分子在現代生活中扮演相當重要的角色，本書指引讀者一探分子的神祕世界。本次「博覽會」共有八個展覽館，有「甜蜜家庭區」，有「環境區」，有「舒適生活區」等等。在「壞蛋區」裡，介紹幾種會傷害、甚至會奪走我們生命的分子，提醒我們注意防範。每個展覽館都展出十幾幅「畫」，並且詳細介紹這些分子的歷史背景、軼聞趣事、引人入勝的科學知識。本書沒有提到任何化學方程式、或複雜的分子圖式，你不需要擁有化學學位，就可以輕鬆地瀏覽這個「分子博覽會」。

　　約翰・艾姆斯利（John Emsley）在英國倫敦大學教授化學長達二十五年，發表過一百多篇研究論文，目前擔任劍橋大學系駐系科學作家。從一九九○年到九六年，艾姆斯利博士在《獨立報》撰寫「每日風雲分子」專欄，向廣大讀者介紹化學對我們日常生活的影響。一九九三年，他獲得格拉索科學寫作獎（Glaxo Award），一九九四年獲頒化學企業協會科學溝通會長獎。

 商周出版

讀 者 回 函 卡

謝謝您購買我們出版的書籍！請費心填寫此回函卡，我們將不定期寄上城邦集團最新的出版訊息。

姓名：_____

性別：□男　　□女

生日：西元 _____ 年 _____ 月 _____ 日

地址：_____

聯絡電話：_____　傳真：_____

E-mail：_____

學歷：□1.小學 □2.國中 □3.高中 □4.大專 □5.研究所以上

職業：□1.學生 □2.軍公教 □3.服務 □4.金融 □5.製造 □6.資訊

　　　□7.傳播 □8.自由業 □9.農漁牧 □10.家管 □11.退休

　　　□12.其他 _____

您從何種方式得知本書消息？

　　　□1.書店□2.網路□3.報紙□4.雜誌□5.廣播 □6.電視 □7.親友推薦

　　　□8.其他 _____

您通常以何種方式購書？

　　　□1.書店□2.網路□3.傳真訂購□4.郵局劃撥 □5.其他 _____

您喜歡閱讀哪些類別的書籍？

　　　□1.財經商業□2.自然科學 □3.歷史□4.法律□5.文學□6.休閒旅遊

　　　□7.小說□8.人物傳記□9.生活、勵志□10.其他 _____

對我們的建議：_____

_____

_____

_____

國家圖書館出版品預行編目資料

水：水資源的歷史、戰爭與未來／蕭政宗著.初版.——台北市：商周出版：城邦文化發行, 2004〔民93〕

面： 公分.--（科學新視野；44）

ISBN 986-124-122-1（平裝）

1.水資源　2.水利工程　3.水災

554.61　　　　　　　　　　　　　　　　　　93000896

科學新視野 **44**

水：水資源的歷史、戰爭與未來

作　　　者／蕭政宗
總　編　輯／林宏濤
責 任 編 輯／彭之琬

發　行　人／何飛鵬
法 律 顧 問／中天國際法律事務所周奇杉律師
出　　　版／商周出版
　　　　　　台北市 104 民生東路二段141號9樓
　　　　　　電話：(02) 2500-7008　　傳眞：(02) 2500-7759
　　　　　　E-mail：bwp.service@cite.com.tw
發　　　行／城邦文化事業股份有限公司
　　　　　　台北市 104 民生東路二段141號2樓
　　　　　　電話：(02) 2500-0888　傳眞：(02) 2500-1938
　　　　　　劃撥：1896600-4 城邦文化事業股份有限公司
　　　　　　城邦讀書花園網址：www.cite.com.tw
　　　　　　讀者服務 email: service@cite.com.tw　讀者服務專線(02) 2500-7397
香 港 發 行 所／城邦（香港）出版集團
　　　　　　香港北角英皇道310號雲華大廈4/F, 504室
　　　　　　電話：(852) 2508-6231　傳眞：(852) 2578-9337
新 馬 發 行 所／城邦(新馬)出版集團　Cite (M) Sdn. Bhd. (458372 U)
　　　　　　11, Jalan 30D/146, Desa Tasik, Sungai Besi, 57000　Kuala Lumpur, Malaysia.
　　　　　　電話：(603) 9056-3833　傳眞：(603) 9056-2833

封 面 設 計／楊啓巽
打 字 排 版／極翔企業有限公司
印　　　刷／韋懋印刷事業股份有限公司
總　經　銷／農學社
　　　　　　電話：(02) 2917-8022　傳眞：(02) 2915-6275

■2004年2月20日 初版　　　　　　　　　　　　Printed in Taiwan
定價220元